KB105760

면허증 없는 그녀와 신용카드 없는 그의

유럽
커뮤니티
탐방기

면허증 없는 그녀와 유럽 신용카드 없는 그의
커뮤니티
탐방기

김정현 · 배수용 | 지음

착한책가게

차 례

3부 | 마을에서 생활을 연대하는 시민 커뮤니티

김정현 · 배수용

|사진 배수용|

그 러 니 까
나 는 ,

자신이 하고 싶은 일을 하면서도 서로의 행복을 위해 노력하는 것이 중요하다고 생각했다. 그러나 현실에선 그런 행복의 가치를 실현하는 것이 아니라 영어시험 잘 보는 법 정도나 알려줄 수 있는 기능적인 사람일 뿐이었다. 무슨 마음으로 나는 이곳에 살고 있는 건지, 어떻게 살아야 하는지 궁금해졌다. 수많은 책을 뒤적거렸다. 결국 함께 있어야 한다는 공통된 뜻이 다양한 말로 기록되어 있었다. 다양한 말만큼이나 방법도 다양하겠지. 그래서 떠나봤다. 어떻게 함께 있는지 직접 보려고.

"그렇다고 잘 다니던 회사를 그만두고 굳이 유럽까지

가서 알아본 거예요?"

내가 수없이 받은 질문이다. 나의 주변은 늘 비슷했다. 친구들과 사회인의 고충을 나누다 보면 결국 실천의 문제에 부딪혔다. 우리가 어떻게 행동하면 좋을지로 대화의 범위가 좀처럼 넓혀지지 않았다. 변화는 투사들이나 꾀하는 거라고 허영을 만들어내는 걸로 늘 종결되었다. 이 공기를 벗어나보고 싶은 욕망이 그만큼 컸던 것일까. 여기서는 무심코 지나쳐버렸을 당연함이 낯선 곳에선 통하지 않음을 직면해보고 싶었다. 결국 일을 저질러버렸다. 모든 것을 놓아야만 했던 무서운 출발선상에 그를 끌어들이며.

커뮤니티 탐방의 의미를 모두 함축하고 있는 신용카드와 교통으로 상징되는 구조적 이야기를 염두에 두고 이 책을 읽어주었으면 좋겠다. 모든 것은 우리가 함께 만들어갈 수 있다는 것, 애초에 전지전능한 누군가가 만든 규칙 같은 건

머리말

없다. 우리의 관계 안에서 많은 난감한 것들을 함께 해결할
수 있다는 점을 생각해주었으면 좋겠다.

신용카드 없는 그,
우리만의 신뢰를 찾는다

　함께 행복함을 느끼면서 일하려면 주변의 응원과 관심
이 필요하다. 그렇지 않은 분위기에서 일하는 것 자체가 고
역이었던 그는 나보다 먼저 사직서를 냈다. 한동안 특유의
능청스러움을 뽐내며 주위 사람들과의 관계를 건강하게 일
궈나가는 백수생활을 만끽했다. 타인과의 관계에서 균형과
신뢰를 회복하고 사랑하는 사람과 더 많은 시간을 보내는 생
활은 곧 부드러운 마음을 만들어냈다. 단연코 주위에 머무른
이들 덕분이었다.

관계성이 그가 지닌 돈의 흐름을 결정하는 것은 불가능했던 걸까. 그에게 신용카드가 없다는 사실 때문에 유럽 탐방을 준비할 때부터 현지에서까지 번번이 삐걱댔다. 총체적 문제였다. 항공권을 구입할 때도, 차를 렌트할 때도, 숙소를 예약할 때도 여권의 짝은 늘 신용카드였다. 어떨 땐 여권보다 신용카드가 더 공신력을 발휘한 적도 있다. 우스갯소리로 여행자들 사이에선 여권이 없으면 신용카드를 보여주면 된다는 말이 돌았다. 편리한 여행은 신용카드가 있는 사람에게나 통하는 것이었다.

은행이나 다른 금융기관들은 그의 사적인 관계망 수준까지 알지 못한다. 어찌 보면 신뢰를 증명하는 것은 매우 추상적이어서 우리 안에서 합의만 된다면 다른 방식으로 신뢰를 증명할 수 있을지도 모른다는 생각이 들었다. 실제로 58명 이상의 사람들과 연락을 주고받는 것을 기준으로 돈을 빌려주는 곳도 생겼다고 한다. 이는 곧 어떤 사람을 신뢰할 것인가의 기준이 관계망에 있음을 보여주는 것이다. 만약 신뢰를 관계에서 찾는다면 더 많은 사람들이 생활에서 존엄을 느끼고 활동의 폭이 넓어질 수 있지 않을까. 그렇게 된다면 내가 어떤 커뮤니티에서 활동하는지가 곧 신뢰성을 가늠하는 기준이 될지도 모르겠다. 우리만의 신뢰를 찾는 날을 기대해본다.

면허증이 없는 그녀,
우리의 쉼터는 걷기로 이루어진 곳곳이다

하필 '대중교통'이다.

유럽 탐방 일정과 인터뷰할 질문이 빼곡히 적힌 작고 두꺼운 수첩을 목에 걸고, 펜이 담긴 필통, 책, 선물 그리고 1.5리터짜리 물통까지 매일 들고 다녀야 했다. 오랜 시간 열

망하고 궁금하게 여겨온 세계이자 환상의 끝이었던 유럽을 샅샅이 다니고야 말겠다는 의지가 불편한 대중교통으로 인해 꺾이지는 않을까 노심초사했다. 게다가 요금은 또 얼마나 비싸던지.

하지만 다행인 건 크든 작든 한 도시 안에서는 걷기나 자전거로도 충분히 비싼 대중교통을 대체할 수 있다는 사실이었다. 사람이 지나는 길보다 좁은 도로에서 자동차가 천천히 지나가는 모습을 흔히 볼 수 있었다. 차보다 걷기와 자전거의 가치를 중요하게 여기고, 올록볼록한 바닥의 길 한복판이나 둥근 광장 곳곳에서 이야기를 나누는 게 자연스럽다. 자동차 없이도 들를 수 있는 골목의 아기자기한 상점들이 다시금 떠오른다. 아늑한 분위기를 중요하게 여기는 유럽에서는 작은 도시, 큰 도시라는 개념 자체가 모호하다. 차가 다니지 못하는 곳곳이 살아있기 때문에 규모와 상관없이 골목길 음악회, 상점, 시장, 문화예술 등을 쉽게 만날 수 있다. 어쩌

머리말

면 유럽 사람들은 깊은 산골짜기 구석 어딘가에 살아도 인간과의 관계성, 자연, 문화예술을 만들어내고 소비할 수 있다는 믿음을 갖고 있는지도 모르겠다.

걷기 위주의 도시는 동네에서 사람을 고립시키지 않고, 곳곳에서 사람과 교류할 수 있게 해준다. 빈 공간은 이웃이 더 걸을 수 있도록 골목길이 되고, 작은 현지 상점들을 이어주며, 공유공간과 같은 지역 서비스와 녹지 등으로 채워진다. 이것은 유토피아가 아니다. 실제 유럽의 도시에서 종종 보던 것들이다. 서로 담쌓고 인도도 없는 메마른 환경에 노출되는 것과 그렇지 않은 것은 매우 다른 힘을 가지고 있다. 모든 사람이 가지고 있지도 않은 차를 위해 왜 우리는 길 전부를 내줘야 할까.

운전면허증이 없어도 살 만한 유럽의 도시들이 나에게 가르쳐준 것이 하나 있다면, 그 누구도 철로 만든 세상 속에서만 살아서는 안 된다는 것이다. 우리의 쉼터는 자가용 안이 아니라 집 앞에 놓인 벤치가 될 수도 있고, 도서관이나 놀이터, 모임 공간이 되는 광장과 카페, 상담소, 시민센터, 시민 커뮤니티 등이 될 수도 있다. 그 안에서 다양한 사람들이 '쉼'을 나눈다. 다행이었다. 자동차 통행이 불편한 유럽의 도시 덕분에 도시가 우리에게 속해 있다는 것을 알 수 있어서.

2018년 5월

| Prologue |

이 책만 봤을 때 이미지화되는 게 있습니다. 사람과 사람이 연결되는 것은 매우 중요하고 아름다운 일이며 그것이 사람답게 사는 것이라고. 그런데 그렇게 낭만적이기만 할까요? 탐방을 결심하게 된 그 씨앗은 갈등이었습니다. 이 책에 자주 나오는 '공동체'와 '연결'이라는 두 단어가 담고 있는 가치가 마냥 아름답지만은 않습니다. 그러나 일상에서 경쟁 위주의 지금과는 다른 삶의 방식을 끊임없이 이야기하는 누군가에게는 길잡이가 되리라는 기대를 가져봅니다. 그러한 순간이 분명 올 것입니다. 그런 날, 이 책이 일상에서 커뮤니티를 만드는 데 도움이 되었으면 좋겠습니다. 그리고 이 책에 담긴 이야기가 그저 이상적이기만 한 것이 아니길 바랍니다.

평등과 노동에 대한 공부를 하는 '비읽 공동체'를 꾸리면서 이곳저곳 시민단체를 인터뷰한 적이 있습니다. 관계의 끈을 모두 놓아버린 사람들이 이렇게 많은데 왜 그동안 잘 알려지지 않았는지 슬픔이 밀려왔습니다. 그러한 감정은 어떤 식으로든 혼자 사는 것보다 둘 이상이 만나 공공의 영역을 만들어내며 지내는 것이 중요하다는 것을 많은 이들에게 알리겠노라고 다짐하게 된 계기가 되었습니다. 그리고 시간이 흘러 공부 삼아 떠난 유럽여행에서 보고 들은 것들을 모은 이야기가 책으로 나오게 되었네요. 여행에세이라는, 쉽게 다가갈 수 있는 이 책의 이면에는 우리가 알아두면 좋을 커뮤니티 구성에 대한 팁을 담았습니다.

이 책은 지역 내 공동체로 자리매김하여 커뮤니티 공간으로서 사랑받고 있는 유럽의 다양한 공공공간을 탐방한 기록입니다. '같이'의 문화가 존재하고, '좋은 삶'이 무엇인지에 대한 고민이 담겨 있습니다. 좋은 삶이 어떤 삶인지에 대해선 저마다 다른 상상력과 다른 방법론으로 정의하지만 적어도 아파트 평수, 수저계급과 같은 경제 범주에 머물러 있지는 않습니다. 나도 좋고, 다른 사람에게도 좋은 공유의 영역을 만들어내려는 노력이 엿보입니다.

탐방 장소를 정한 기준은 하나. 일상에서 가장 쉽게 접하는 곳 가운데 귀감이 될 만한 곳이었습니다. 그렇게 일상의 공간을 크게 커뮤니티 책공간, 커뮤니티센터 그리고 시민 커뮤니티로 나누어 방문하였습니다. 시민 커뮤니티는 시민들이 자발적이고도 개성 있는 연결방식을 보여주는 공동체 위주로 만났습니다.

사전에 여러 모로 자료조사를 하였고, 직접 방문하여 공간지기들을 인터뷰하였습니다. 영국을 비롯해 독일, 프랑스, 스페인, 포르투갈 등 5개국을 돌며 17개 기관을 방문했습니다. 그곳 현장에서 접한 사례와 더불어 커뮤니티를 위한 작은 팁을 제안합니다. 이슈를 진단하여 변화를 상상해보자는 의미에서 대안을 고민하는 소박한 생각과 활동을 담았습니다.

우리가 찾아 나선 곳은 다음과 같은 것들을 실현하고 있는 곳들입니다.

- 느리지만 지속가능하기
- 다양한 분야에 발을 들이며 간접 경험을 할 수 있기
- 여러 세대가 현실의 의제를 나눌 수 있기
- 공감력을 높일 수 있기
- 다양한 생각을 지닌 사람들이 책을 통해 마주할 수 있기

이 책을 통해 제각각 다른 방식으로 사유하는 커뮤니티를 만날 수 있습니다. 또한 일상 속 커뮤니티라는 담론이 거창한 것이 아님을 알 수 있습니다. 동네의 좋은 카페를 기웃거리다 주인장과 이야기도 나눠보고, 공동체에 관한 정보도 얻으며 그 옆 도서관도 가보고, 그곳에서 하는 책모임에도 한번 나가보면서 아주 조금씩 자신의 활동 영역에서 타인과의 연결지점을 만들어가는 여행을 할 수 있습니다. 그러한 자연스러움이 쌓여 나를 둘러싼 동네로 나와 서로 호혜의 관

프롤로그

계를 쌓는 것이 그리 어려운 일이 아니라는 것을 느낄 수 있을 것입니다. 덧붙여 이는 개인 혼자만의 노력으로 되는 것이 아니라 사회가 함께 노력해야 실현될 수 있다는 이야기를 꼭 전하고 싶습니다. 모든 탐방 사례를 볼 때 사회구조를 염두에 두고 읽어주었으면 합니다.

이 책을 쓴 우리도 실은 이제 막 시작하였습니다. 학력과 인맥을 내세우는 것이 아니라 어디서 어떤 사회적 활동을 하는지로 판단되길 바라는 순진한 감수성을 가진 청년의 시작에 함께해주기 바랍니다. 이제야 겨우 그동안의 무지와 숱한 편견을 인정하기 시작하였습니다. 내 자신이 얼마나 촌스럽게 살았는지 깨닫고 있습니다. 이러한 감정의 변화에서 출발해 탐방으로 이어졌습니다.

이제 우리나라에도 많은 변화가 있습니다. 관계를 중요하게 여기는 문화가 다양한 기획으로 이어지는 추세입니다.

그래서 앞으로는 지금보다 더 나아지리라 기대해봅니다. 그리고 우리도 여기에 한 숟가락 올려봅니다. 들쭉날쭉 어설퍼도 괜찮으니, 짜여진 답이란 없으니, 주변의 시선을 의식할 필요 없으니, "너도 아팠니? 나도 아팠어."라고 은밀함을 조금씩 드러내며 서로의 뒷배가 되어줄 관계를 맺는 커뮤니티들이 많이 생겨나길 바랍니다.

　　우리는 이 책을 커뮤니티 여행서라고 소개합니다. 타인과 타지의 삶을 보고 듣고 느끼며 낯섦과 보편을 알아가면서, 협동과 존중을 위한 다양한 방식이 어떻게 존재하며 어떤 방식으로 발현되고 있는지 여행해보길 바랍니다

책이 있는 커뮤니티 공간

누구나 한번쯤 책을 읽기 위해 들렀을 서점. 감각 있는 디자인으로 단장한 동네의 작은 공간들이 부활한다는 소식을 종종 듣는다. 그곳에서 누구와 어떤 가치를 이야기하는지, 그래서 어떤 작은 아름다움이 생겨나는지 주목받는 시대가 되었다. 생겨나는 것만큼이나 많이 사라지기 때문일까. 책공간이 사라지는 것이 안타까운 만큼 독립출판, 북스테이, 펍서점 등과 같은 또 다른 삶의 길들이 나타나는 것을 보며 한편으론 안도와 함께 응원을 보내게 된다.

공공도서관도 예외는 아니다. 대출반납 기능만 하는 것으로 인식되던 도서관에서 탈피하여 마을도서관으로서 재미있는 경험과 이야기들이 쌓이고 있다. 외국의 많은 선진 사례를 보고 따라 하기도 하며, 다양한 시행착오 끝에 도서관의 중요성이 다시금 떠올라 정책으로 이어지기도 한다.

우리는 이웃이 책공간에서 만나 공동체의 중요성을 알아가는 곳으로서 의미를 지닌 커뮤니티 책공간을 찾아 나섰다. 그래서 이곳이라 함은 커뮤니티를 조성하기 위해 노력하는 곳일 수도 있고, 이미 다양한 커뮤니티를 지원하는 곳일 수도 있으며, 아직 초기 단계지만 커뮤니티에 대한 중요성을 인식한 사서들이 있는 곳이기도 하다.

이제 책의 시대는 끝났다는 말이 스마트폰 세상에서 심심찮게 들려오기도 하지만 오히려 이제 시작일 수도 있다고 낙관적으로 말하고 싶다. 책공간은 책의 감상을 표현하는 말들을 나누는 문화를 담고 있기에, 관계에 초점을 맞춘 도서관으로 더욱 발전할 수도 있다고 본다. 책이 있는 곳은 삶에 필요한 중요한 정보뿐만 아니라, 문화를 경험하고 쉬면서 낯선 사람과의 만남까지 덤으로 얻을 수 있는 곳이다. 또한 문화를 생산하는 사람과 한 시대를 걱정하는 사람들, 그리고 한 사회의 모순을 지적하는 사람들 간 정보가 연결되는 통로다. 그렇기 때문에 궁극적으로 인간의 감응을 위해, 사회화를 위해 책공간의 지위는 여전히 중요하게 대접받을 필요가 있다.

그래서 1부에서는 커뮤니티 책공간의 모습을 제안해보고자 한다. 책을 통한 사람과의 연결은 부담스럽고 어려울 수 있지만 한편으로는 낯선 사람과 낯선 사람이 만나 자연스러운 관계를 맺는 데 책이야말로 그 역할을 톡톡히 해내는 매개물로 손색이 없다는 전제하에. 커뮤니티 프로그램이 중심이 되는 곳을 접할 수도 있고, 개인과 공동체 모임이 공존하는 공간 설계도 엿볼 수 있다. 커뮤니티 책공간은 책으로 시작하지만 그 끝엔 사람이 있다. 책으로 만든 정성스런 기획 프로그램들은 사실 사람들 간의 연결을 지원하기 위함이다. 그래서 이 공간에는 사람을 만나는 과정이 담겨 있다. 도서관을 둘러싸고 있는 정원엔 친구, 가족, 연인이 함께 도시락을 먹거나 음악을 듣거나 수다를 떤다. 도서관에서 요가를 하는 사람도 있고, 다양한 세대의 사람들이 함께하는 공동체와 함께 아이를 키우는 아빠들의 커뮤니티도 만날 수 있다. 말하자면 사람들에게 커뮤니티 책공간은 휴식 장소이자, 놀이터이자, 카페이자, 미술관이자, 체육관이다. 무엇보다 이곳에서는 각자 할 일을 하다가도 낯선 사람과 이웃이 되어 돌아가기도 한다.

커뮤니티 책공간은 '왜 책을 읽고 사람을 만나는가?'라는 본질적인 질문을 통해 활동영역을 넓혀가는 곳이다. 지금 나의 주변에는 어떤 책공간이 있는지, 어떤 책을 중요하게 여기는지, 그 책을 중심으로 어떤 사람들이 모이는지를 알아보자. 사소할 수 있지만 주변을 탐색하는 힘이야말로 나의 일상을 더 촘촘히 만들어준다.

01

영국 런던

바 비 칸
도 서 관

> 66 한 지붕 아래 공동체와 개인이
> 공존하는 공간의 힘 99

유럽에 테러를 예고한 IS로 인해 영국의 입국심사가 까다로
워졌다는 지인의 말을 새기고 조금은 두려운 마음과 설렘으
로 심사대에 섰다. 그러나 우리 둘의 관계를 묻는 질문을 한
것이 끝. 다행히도 별 탈 없이 런던에 도착하였다.

런던에서 가장 먼저 향한 곳은 바비칸 센터에 있는 바

비칸 도서관이다. 시내 동쪽을 걷다 보면 고풍스러운 건물과 매우 현대적인 건물이 번갈아 보인다. 그러다 시대를 알 수 없는 회색빛 건물이 갑자기 눈에 띈다. 2차 세계대전 당시 폐허가 된 지역을 재개발한 것이라던데 혹시 전쟁의 비참함을 표현한 걸까. 외관이 주변 건물과는 전혀 어울리지 않는 진한 회색빛의 노출 콘크리트로 되어 있다. 이곳은 1947년부터 복원계획을 세우기 시작해 런던 시가 오랜 토론과 준비를 한 끝에 1970년대에 지금과 같은 형태가 완공되었다.

바비칸 센터는 재건한 주택단지와 공중보도로 연결되어 있어서 어느 지점부터는 도심에서 또 다른 새로운 지역으로 들어가는 느낌을 준다. 비형식적이고도 기능적인 설비들이 주택단지에 그대로 드러나 있기 때문이다. 게다가 기둥은 어찌나 많은지. 센터가 처음 지어진 당시에는 상당한 반감을 불러일으켰다고 하는데 2001년에는 2급 보존건물로 등록되어 현재는 새로운 평가를 받고 있다. 뿐만 아니라 바비칸 센터에는 무료 전시가 있는 갤러리, 현대음악 위주의 콘서트홀, 인디영화관, 카페 같은 상업시설이 있는데, 문화시설을 지역 주민과 가까이 두어 주민들이 유입될 수 있도록 했다는 점에서 높은 평가를 받고 있다. 바비칸 도서관은 바비칸 센터 건물의 2층(사실상 우리나라 기준으로는 3층)에 있다.

바비칸 도서관이 있는 바비칸 센터는 2차 세계대전으로 폐허가 된 지역을 재개발한 회색빛 건물로 전쟁의 기억을 간직하고 있다.

주택단지와 연결되어 있는 바비칸 센터 앞 야외공원은 인근 주민의 쉼터다.

바비칸의 많은
기둥과 비례하는
다양한 공간

연립주택과 바로 연결되어 있는 바비칸 문화센터는 특히 크고 굵직한 기둥이 많은 구조다. 이 기둥들은 도서관 안에 개인 공간, 토론 공간, 전시공간 등을 다양하게 구성하도록 만들어준 공신이다. 기둥은 사람들이 편안하게 이야기를 나눌 수 있도록 칸막이가 되어 탁자와 탁자 사이를 자연스럽게 구분해준다. 그렇다 보니 삼삼오오 모여 모임을 할 만한 공간이 여기저기 만들어지게 되었다.

일정한 간격으로 늘어선 기둥에 맞춰 전체 조명이 아닌 부분 조명을 설치한 것도 기둥 구조의 특성이 반영된 듯 보였다. 또한 도서관 각 실별 사이를 이어주는 로비가 상당히 넓고, 로비에서 역시 다양한 모임이 이루어져 관계 중심의 공간임을 알 수 있었다. 로비는 더욱이 차와 함께 무료 전시를 감상할 수 있는 곳이기 때문에 북적거릴 때가 많다. 뿐만 아니라 다양한 모임을 상징하듯 각양각색인 테이블과 의자, 소파를 보는 재미도 있었다.

도서관 곳곳에 탁자와 의자를 놓아두어 이용자들이 다양한 용도로
활용할 수 있도록 했다. 책 읽는 공간 이외의 조명은 우리나라와 비
교했을 때 상대적으로 어둡다.

실제로 로비에서 모임을 진행하는 사람들이 많은지 총
괄사서인 조너선에게 물어보았다.

"하나하나 정확히 어떤 모임인지는 알 수 없지만 사람
들이 이곳에서 만나 토론을 하거나 이야기하는 건 매우 흔한
일이죠."

우리가 방문한 날에도 그런 모습이 자주 보였다. 우리
나라도 이젠 도서관과 책방이 조용히 해야만 하는 곳이 아니

라는 인식이 생겨나고 있다. 그러나 소음에 약하게 설계된 데다 시험공부를 하는 이용자의 비중이 훨씬 높아 기획자와 이용자의 입장이 상충하고 있다. 대개는 도서관 건축설계를 하기 전에 서가와 동선에 대한 고려, 책 읽는 공간, 프로그램 진행 공간, 책 토론 공간 등 완벽하게 계획을 세운다. 그리고 대부분 계획대로 해당 공간을 운영하고자 한다. 다만 공존하지 않을 뿐이다. 커뮤니티를 위한 공간은 한쪽으로 격리된다. 공간의 주인이 아닌 것처럼. 아직까지는 모든 것이 혼자 책 읽는 사람 위주로 맞춰져 있다.

모두의
방문 목적이
달성되는 곳

반면 바비칸 도서관은 기둥 설계를 통해 공존이 가능하도록 했다. 도서관 전문가의 입장에서 본다면 책장을 배치하기엔 불편함을 주는 구조이지만.

"사실 처음엔 불편해서 불만도 있었어요. 서가를 위해

기둥 크기를 재야 하나 싶기도 했고 이리저리 각도도 재보았지요. 그러면서 어떻게 해야 할지 사서들과 내부구조 설계와 구성에 함께 참여하여 고민을 많이 했어요."

"사서들은 내부설계에 대해 주로 어떤 의견을 냈나요?"

"다 기억나지는 않지만 분명한 건 지금과 같은 모습이 될 수 있었던 데에는 이곳 직원들의 목소리가 한몫했다는 거예요. 기둥을 어떻게 활용할지에 대해 가장 고민을 많이 했어요. 이곳에 오는 사람들 가운데에는 혼자 책 읽고 싶은 사람도 있고, 모임을 하고 싶은 사람도 있고, 마을정보를 얻고 싶은 사람도 있고, 이웃을 알기 위해 찾아오는 사람도 있죠. 그래서 건물 중앙 곳곳에 있는 기둥을 중심으로 탁자를 두어 사람이 모이게 하고 기둥을 홍보를 위한 벽으로도 사용했지요. 책장은 다소 중심에서 벗어나 있도록 해 혼자 책 읽는 사람들도 만족할 수 있도록 했고요."

총괄사서인 조녀선이 이야기한 것처럼 기둥은 활용도가 참 높았다. 공통의 관심을 가진 사람들이 공동 작업을 할 수 있도록 가림막으로 활용되기도 하고, 게임을 할 수 있는 코너 공간이나 홍보게시판으로 사용되기도 한다. 물론 혼자 책 읽는 사람도 있었다. 그야말로 저마다의 방문 목적이 모두 달성되는 곳. 대화를 나누는 사람이 눈치를 보지 않는 문

화가 공간 덕분에 생겼다고 해도 지나친 말이 아니다. 이곳 도서관의 오픈형 공간은 조용히 학습하기만을 원하는 개별 이용자만을 위해 존재하는 것이 아니라, 모임 장소로서 중요한 공공공간의 역할을 하고 있었다. 바비칸 센터가 지어졌을 당시 흉물로 꼽히기도 했다지만 만약 당시의 평가기준에 건축양식뿐만 아니라 위와 같은 사회적 기준이 포함되어 있었다면 달라지지 않았을까 싶다.

이렇듯 개인과 커뮤니티가 평등하게 공존하는 공간구

성은 정말 이색적이었다. 열린 협업 공간, 개인의 책읽기 공간, 소음이 허용되는 자유로운 공간, 이용자를 환영하는 안내데스크 등 바비칸 도서관은 보편성과 독창성을 둘 다 가지고 있었다. 그런 공간 덕분에 그만큼 다양한 모임이 존재할 수 있었으리라는 생각이 들었다.

디지털 확장 시대에도
종이책을 담아내는
공간은 진화한다

디지털이 더 확장되는 시대가 오면 컴퓨터로만 데이터를 이해할 것이기에 종이책을 모아두는 도서관은 없어질 것이라고 예측하는 사람들이 많다. 그러나 종이책을 담아내는 공간들이 진화하는 것을 보면, 도서관이 단지 책을 보관하기 위해 또는 혼자 책을 읽기 위해서만 존재하는 곳은 아님이 더 분명해진다. 오히려 사서들은 어떻게 하면 책으로 연결된 사람들이 편안함을 느끼게 할 수 있는지 고민한다. 편안함은 지속적으로 방문하게 하는 중요한 요인이고, 이는 결국 시민성을 높이는 데 기여할 것이다.

도서관은 기본적으로 공공의 활동을 위한 공간이다. 그러므로 다양한 시민들이 다양한 활동을 할 것이라는 점을 염두에 두어야 한다. 그리고 평등이라는 가치를 바탕으로 공간을 조성해야 한다. 이러한 차원에서 볼 때 바비칸 도서관의 가장 큰 특징은 무엇보다 시민의 입장에서 바라본다는 점이다. 시민을 질서 있게 통제해야 하는 대상으로 보지 않고 환영한다. 다시 말해 누구나 머물고 싶은 공간 분위기를 연출하고 있다. 도서관이 시험공부만을 위해 가는 공간이 아니라, 자료찾기, 책 함께 읽기, 협업, 멀티미디어 활용, 게임을 통한 휴식 등 다양한 재미가 있는 공간임을 느끼게 해준다.

둘째로 꼽을 수 있는 바비칸 도서관의 특징은 지역의 상징으로 자리매김했다는 점이다. 바비칸 도서관은 이 지역에서 학술광장이자 복합문화공간의 상징이다. 지나가는 사람 아무나 붙잡고 물어도 바비칸 센터와 바비칸 도서관만큼은 알 수 있도록 유입인구를 높이기 위해 주택단지와 연결되도록 구성한 덕분이다.

셋째로는 다양한 목적으로 방문하는 시민들을 위해 다양한 커뮤니티 프로그램을 운영한다는 점을 들 수 있다.

도서관 음악 코너에서 피아노를 연주하는 노인의 모습에서 삶의 여유가 느껴진다.
이곳에는 책을 읽는 사람뿐만 아니라 모임을 하거나 전시를 감상하거나 음악을 듣는 등 다양한 사람이 있었다.

공간을 채우는
커뮤니티 프로그램

주민들이 공간을 자유롭게 이용하는 것만큼이나 주목할 만한 점은 사서들이 기획하여 공간을 운용한다는 점이다. 바비칸 도서관은 특히 커뮤니티 프로그램을 강조한다. 커뮤니티 프로그램은 둘 이상이 다양한 매개로 만나 공동체를 형성할 수 있도록 하는 관계지향 프로그램을 뜻한다. 도서관의 경우는 책, 사회문제, 생활정보 등을 주 매개로 활용한다. 주도적으로 공동체에 참여하는 가운데 새로운 커뮤니티를 만들기도 하여 지역사회에서 이웃과 연결하는 문화를 확산시킨다. 궁극의 목적은 주민들의 커뮤니티 형성을 통해 사회에서 목소리를 내는 것이 얼마나 중요한지를 알리는 데 있다.

"사서의 역할은 도서관에 사람들이 많이 오고 혜택을 누리도록 하는 것입니다. 그리고 조직화를 하는 것도 중요합니다. 서로가 도움을 줄 수 있도록 커뮤니티 프로그램을 기획하거나 이미 짜여 있는 커뮤니티가 편안히 접근하도록 해야 하죠. 커뮤니티에 중점을 두고 늘 고민해야 해요. 이것은 비단 저뿐만 아니라 영국의 모든 사서들이 지닌 기본 소양입니다."

어린이도서관의 책임자인 아만다는 바비칸 도서관이 지역사회의 시민을 모아주는 역할을 해야 한다고 이야기한다. 어떤 책으로 연결할지, 어떻게 의견을 수렴할지 등 다양한 기획회의를 동료들과 진행한다.

"우선 어떤 책을 놓느냐가 중요해요. 도서관은 책으로 사람과 연결되는 곳이다 보니 좋은 책을 두어야 하죠. 그러기 위해선 런던 시민이 어떤 문화를 누려야 하는지, 무엇을 누리고 싶어 하는지를 알아야 해요. 그래서 우리는 시청 홈페이지의 '투표존'을 활용하여 의견을 듣습니다. 또한 음악, 미술, 극예술과 상업 및 주택 등의 주제 분야를 바비칸 센터의 목적에 맞게 세분화한 장서개발을 꾀하고 있고요. 그런 다음 이에 맞는 커뮤니티 프로그램을 기획합니다."

실제로 바비칸 도서관은 크게 음악자료실과 미술자료실, 아카데미 전문 참고자료 등 특색 있는 자료가 있는 종합도서관과 어린이도서관으로 나뉜다.

종합자료실은 문학, 예술, 체육 관련 책을 중심으로 한 커뮤니티를 구성하기 위해 노력한다. 총괄사서인 조너선은 문학 고전을 읽는 의미와 더불어 책을 함께 읽는 것의 의미를 되새기기 위한 '셰익스피어 읽기' 프로그램을 만들었는데, 이는 영국 전체에 걸친 큰 규모의 프로그램으로 기획된 것이다.

음악자료실은 인근의 학교와 연계하는 '음악과 학교'라는 커뮤니티 프로그램을 오랫동안 진행해왔다. 음악은 개인의 취향이기 때문에 다양한 취향을 존중하는 뜻에서 아이들이 각자 좋아하는 음악을 도서관에서 직접 들어보고 골라서 도서관에서 발표하도록 하는 시간을 가진다. 이 프로그램은 실제로 런던 내에서 공교육과 도서관이 협력한 좋은 사례로 자주 꼽힌다.

어린이도서관은 원색의 색감으로 디자인되었으며, 나이대별로 책장을 구분하고 장서를 개발한다. 일반적으로 대부분의 어린이도서관은 문학과 문해 분야의 책을 가장 많이 보유하고 있고, 과학과 자연 및 예술, 만화, 잡지 등 모든 학문 분야의 책을 구비하려고 한다. 이곳도 예외는 아니지만 예술에 관한 도서가 비교적 많다는 점이 특색 있다. 어린이실 전담 사서는 한 명이지만 어린이 도서에 관심이 많은 인근의 시민 자원봉사자와 함께 일한다.

어린이도서관은 특히 지역 주민들이 참여하는 커뮤니티 프로그램을 중요시한다. 예를 들어 '창의적 글쓰기 워크숍'은 글쓰기 활동을 단순히 기능적인 활동으로 보고 가르치

어린이도서관은 가족 단위의 프로그램을 지향하며 가족 간 커뮤니티 형성에 집중한다.

는 것이 아니라 자신만의 시선으로 바라보고 세상을 있는 그
대로 글로 표현하는 활동이다. 또한 '아빠의 라임타임'이라
고 하여 매주 월요일마다 0~18개월, 18~36개월, 3~5세별
로 나누어 아이들이 또래 친구들과 함께 말을 배우도록 하는
프로그램도 있다. 라임타임은 이제 막 언어를 배우기 시작한
아이들을 위한 프로그램이긴 하지만 사실 이웃의 아빠를 만

1부 _ 책이 있는 커뮤니티 공간

나도록 하는 것에 주안점이 있다. 어린이도서관은 가족 단위 이용을 지향하여 가족 단위 커뮤니티를 형성하기 위해 노력하고 있다.

이 외에도 런던커뮤니티센터와 연계하여 아이들이 직접 새로운 요리를 할 수 있도록 하는 '다양성 부엌', 8∼10세의 아이들이 팀을 이루어 직접 카메라로 영감을 주는 사진을 찍으러 다니는 '카메라 액션!' 등의 프로그램이 있다. 청소년이 여름방학인 때에는 14∼16세의 자원봉사자를 모집하여 어린 아이들의 읽기 교육을 돕도록 하는 청소년과 어린이 연결 프로그램도 있다. 또한 입학 전 아이들을 대상으로 책 속

기둥을 활용한 커뮤니티 프로그램 정보게시판에는
각종 커뮤니티 정보가 가득하다

인물을 코스프레한 사서가 책을 읽어주는 '셰익스피어 워크숍'도 있다. 특히 이곳에는 어른들의 영화 동아리와 어린이 놀이를 개발하는 어른들의 모임이 있다. 이러한 커뮤니티는 도서관 내에서 아이들과 함께하는 프로그램을 진행하는 등 도서관과의 결속력 및 지속성이 높다.

시민의 요구와 사회문제에 촉각을 곤두세우는 사서들

문득 앞서 이야기한 투표존과 같이 시민의 의견을 수렴하는 장치를 통해 실제로 변화한 사례가 있는지 궁금했다.

"한 예로 근처에 있는 런던커뮤니티센터 안의 작은 도서관을 들 수 있어요. 그 도서관을 이용하는 시민들이 편하게 책도 보고 명상도 할 수 있는 마룻바닥을 요청하였어요. 도서관은 이를 받아들였고요. 자연스럽게 시민의 요구에 걸맞은 커뮤니티가 만들어지더라고요. 도서관에서 명상도 하고 요가도 하는 커뮤니티가 만들어진 거죠. 그래서 지금은 책도 보고 요가도 하며 명상도 하는 복합공간이 되었어요."

"바비칸 도서관의 경우에는요?"

"런던 시 거주자가 천만 명이 넘었고, 부부가 둘 다 일하는 가정이 계속 늘어나고 있어요. 이런 상황에서 바비칸 도서관이 어떤 역할을 해야 할지 고민이 많습니다. 부모와 자녀 등 가족이 모두 함께 프로그램에 참여할 수 있는 프로그램을 기획하고 참여를 권하고 있지만 맞벌이하느라 참여하지 못하는 가족이 계속 늘고 있어요. 가족 공동체가 유지되고 확장되도록 하려면 어떻게 설계를 해야 할지 다른 전문가와 함께 연구하려고 준비하고 있습니다."

"맞벌이로 인한 가족 공동체의 변화에 대해 고민한다는 뜻인가요? 사서가 사회문제까지 고민하나요?"

"그럼요. 사서가 사회구조적인 문제를 고민하는 것은 매우 자연스러운 일입니다. 사회문제를 해결하기 위해 등장한 것 중 하나가 도서관이기도 하니까요. 런던에서 가족 공동체는 민감한 부분이에요. 가정이 와해되고 있거든요. 그러나 이제는 혈연관계에 있는 사람만을 보살피는 것이 아니라 사회적으로 새롭게 재구성될 가능성이 있죠. 가정에서 가르치는 교육 효과를 도서관이 커뮤니티 프로그램이나 다른 커뮤니티 간 연결을 통해 보완해줄 수 있도록 대대적인 설계를 위한 논의를 하고 있습니다. 엄청 어려운 작업일 것이 예상되지만 큰 의미가 있다고 생각합니다."

사서가 사회문제에 민감하게 반응하는 것을 기본 소양으로 생각하는 아만다의 말에 감탄하며, 아쉬운 마음에 도서관을 나서기 전 마지막으로, 도서관에서 중요한 기반은 무엇인지에 대해 종합자료실의 조너선과 이야기를 나눴다.

"전문성을 갖춘 사서, 커뮤니티 프로그램 그리고 예산이죠. 이중 어느 하나라도 없다면 커뮤니티 도서관으로서 기능하기가 쉽지 않을 것입니다. 다행히 바비칸은 이 세 가지가 충족되어 있어요."

'한 지붕 아래 모든 예술'을 모토로 삼는 바비칸. 이곳에서는 책도 예술 중 하나로 여긴다. 책을 단순히 읽어 내려가는 대상이 아니라 눈으로 읽고 손으로 만지며 한 페이지 한 페이지 내용을 음미하는 창작품으로 여긴다. 더구나 잘 만들어진 책들이 있는 공간과 이곳을 이용하는 사람들의 손때는 감동이었다. 또한 치열한 고민이 엿보이는 사서들과 이야기를 나누며 예술가의 고통은 위대하다는 말은 이럴 때 쓰라고 있는 것 같다는 생각을 잠시 했다.

| **인터뷰** · 조너선 깁스(총괄사서), 아만다 오웬스(어린이실 사서) | **통역** · 민캉

"바비칸의 어원과 브루탈리즘 건축양식"

'Barbican'의 어원이 방위를 위한 전망대라는 뜻이라고 하니, 이미 어원에 서부터 전시 상황의 방위 요충지였음을 알 수 있다. 이 지구의 계획은 2차 세계대전 후 1947년부터 시작되었는데, 상업업무 중심의 재개발이 아닌 주거기능을 결합시킨 문화예술단지로 재개발을 시작했다. 바비칸 건물은 전후 영국 건축계가 선호한, 가공하지 않은 콘크리트를 사용하는 브루탈 리즘(Brutalism) 건축양식으로 지어졌다.

"커뮤니티 공간의 핵심은 아늑함이다."

유럽은 가구 포르노그래피라는 말이 있을 정도로 아늑한 공간을 만들기 위한 가구 디자인이 상당히 발달하였으며 이와 함께 공간 디자인도 발전 하였다. 특히 심혈을 기울이는 곳은 다른 사람과 이야기 나누는 공간이다. 개인의 집으로 보자면 거실이나 부엌이 이에 해당하고, 공공기관의 영역 에선 로비와 카페로 견줄 수 있겠다. 커뮤니티가 이뤄지거나 그 가능성을 품은 공간은 얼마나 아늑하게 표현되었는지가 평가의 기준이 된다. 어쩌 면 북유럽풍이라는 말은 커뮤니티 공간풍을 의미할지도 모르겠다.

02

독일 마그데부르크

북마크
야외도서관

> **"주민에 대한 신뢰를 바탕으로 운영하는
> 혁신적인 행정의 도전"**

베를린에서 통역을 맡아준 분을 만났을 때 이런 이야기를 들었다. 옛 동독은 여전히 옛 서독 사람들에겐 물리적으로도 사회적으로도 어둠의 상태에 빠져 있는 이미지라고. 산업화가 끝난 이후 폐허가 된 곳이 슬럼가를 형성한 데다 사람들 역시 밝지 않다는 인식이 강하다고 한다.

그러나 통역가 지연 씨도, 며칠 동독에 머물렀던 우리도 전혀 그런 점을 느끼지 못했다. 물론 재개발을 하는 지역이어서 공사 중인 도로가 많았지만 영화에서 보던 이미지나 서독 사람들에게 박힌 전형적인 이미지와는 전혀 달랐다. 아마도 외국인들이 우리에게 북한을 이야기하며 안타깝게 보는 것과 같은 이치가 아니었을까.

생각해보니 나 역시 비슷한 경험이 있었다. 캐나다에서 몇 달 동안 여행하던 중에 연평해전이 일어났는데, 전혀 안면일식도 없던 한 캐나다인이 한국인이냐고 묻더니 '블레스유(bless you)'를 외치고 갔다. 비자본적, 독재, 산업 발전의 느린 속도감, 다른 나라와 소통이 적은 나라 등에 대해선 늘 음지의 이야기가 양산된다. 그리고 그것은 무비판적으로 받아들여져 편견을 만들어내곤 한다.

베를린에서 만난 사람들에게 동독의 마그데부르크를 방문할 거라고 여정을 이야기하자 대부분이 모르는 도시이면서도 조심하라는 말이 이어졌다. 수도인 베를린에서 한 시간가량 가면 나오는 도시인데도.

그러나 주변의 우려와 달리 마그데부르크는 다양한 인종의 사람들이 적당히 있고, 우리가 좋아하는 생태주의 건축가 훈데르트바서의 건축물과 파이프오르간 소리가 들리는 아주 오래된 교회가 있는 곳이었다.

그곳엔 또한 북마크 야외도서관이라는 공공공간이 있었다. 카로(KARO)라는 건축설계팀에서 지은 것이다. 카메라 메모리가 꽉 찬 지도 모르고 찍어댄 통에 이곳의 사진만 저장이 안 되어 함께 참여했던 건축가 중 한 명인 사빈(Sabine Eling-Saalmann)에게 사진을 요청하고 책에 실어도 될지 허락을 구했다. 다행히 그는 흔쾌히 승낙해주었다.

어두운 동독의
이미지를 바꿔준
민주적인 도서관

물론 동독은 서독에 비해 여전히 실업률이 높고 공공시설이 부족한 편이다. 산업화 이후 폐쇄된 공장이 많아 풍경이 어두운 분위기를 자아내고, 재개발 사업 또한 한창이다. 북마크 야외도서관은 이에 대한 문제의식에서 출발하였다.

마그데부르크 지역에는 원래 오래된 산업 창고와 공장이 많았으나 거의 대부분 문을 닫고 80퍼센트가량이 텅텅 비게 되었다. 도심이 폐허가 된 것 같았다고 하니 어떤 분위기였을지 짐작이 간다. 그중 오래된 거리에 방치된 '호르텐'이라는 창고를 현대적인 건축양식으로 다듬어 그 위에 기다랗게 도서관을 지었다. 2005년에 설계를 시작했으며, '실험적인 도시(City in trial)'라는 도시재생을 위한 재개발 프로젝트명 아래 좀 더 사회적인 도시계획이 적용되었다. 그래서 이 도서관은 처음 설계 단계에서부터 다음과 같은 조건을 내세웠다.

- 책을 수집하기 위한 공간일 것
- 주민 모두에게 개방적일 것
- 주민이 직접 운영하는 형태의 참여공간일 것

이를 실현하기 위해 전문가 집단의 조언을 듣는 과정에서 여러 디자인이 제안되었다. 결국 카로 건축사무소를 중심으로 디자인을 정하는 것으로 의견이 모아졌는데, 특히 그는 주민투표로 디자인을 선정하는 민주적인 절차를 택하였다. 뿐만 아니라 다른 공간도 주민투표로 여러 디자인 중 하나를 선택하도록 하였다. 도서관에 채울 책들은 정부의 지원과 주민들의 기증으로 약 2만 권이 모아졌다.

옛 동독의 마그데부르크 도시 풍경. 곳곳에서 공사 중인 풍경과 전선이 가득한 하늘을 만날 수 있다. 여전히 회색빛 이미지가 강한 동독은 산업화 이후 폐허가 된 도시를 문화적으로 재생하는 사업에 관심이 높았다. 북마크 야외 도서관도 그 일환으로 설립된 것이다.

마그데부르크 안에서도 구시가지에 있는 북마크 야외도서관. 동독의 어두운 이미지를 바꾸는 데 한몫했다.

사서 없는 도서관?
신뢰를 바탕으로
주민에게 운영권을

그렇게 하여 2009년에 북마크 야외도서관이 개관하였다. 1960년대 건물의 조립부품을 재활용하여 새 건물의 외관을 덮고, 약 1천 개가 넘는 맥주 상자를 재사용하여 외관을 장식했다. 야외공간을 비롯한 녹지공간까지 그대로 활용하여 열람공간을 확보하고 아늑한 카페테리아까지 마련하였다. 정기적으로 콘서트 프로그램도 진행한다.

이곳의 운영에서 주목할 점은 24시간 열려 있다는 점과 주민들이 직접 사서가 되어 관리하고 자유롭게 책을 빌릴 수 있다는 점이다. 책이 파손되더라도 그리 개의치 않는다. 하긴 파손을 걱정했다면 그런 운영방법이 절대 도입되었을 리가 없다. 이 야외도서관은 철저히 시민의식에 맞춰 운영된다. 책을 잃어버릴 것을 염려하는 도서관이 아니다 보니 그곳에 있는 사람들은 관리자가 아니라 주인의식을 가진 사람이 된다. 자발적으로 커뮤니티가 만들어지길 기대하는 마음이 담긴 도서관이다.

그래서 책을 대출하는 데 행정비용이 들지 않는다. 대출을 했다면 적절한 시간 내에 반납하기만 하면 된다. 그런데 여기서 주민들의 높은 시민의식이 엿보이는 재미있는 일화가 있다. 한 주민이 책 한 권을 대출했다가 반납할 때 자신이 공유하고 싶은 책을 더 가져온 것이다. 그리고 시간이 갈수록 그런 사람이 계속 늘어났다. 이로 인해 책이 많이 분실될 것이라는 우려의 목소리가 많이 가라앉게 되었다. 주민 간의 신뢰를 기반으로 한 공동체 중심의 기관임을 알 수 있는 지점이다. '나 하나쯤이야 괜찮겠지.'라는 마음을 먹었다면 책은 계속 없어지고 결국 건물만 남은 도서관이 되었을지도 모른다. 그러나 해마다 책이 늘어나고 프로그램이 생겨나는 것을 보면 선진적인 면모를 갖추고 있다고 볼 수 있다.

이후에 이 동네의 이름을 따서 살브크 북마크(Salbke Bookmark)라는 주민협회도 만들어졌다. 주민들 모두가 돌아가며 책임있게 운영하는 것을 원칙으로 한다. 협회는 공무원과 소통하여 정보를 공유한다. 도서관 외벽의 낙서 문제나 주변 쓰레기처리 문제와 같이 주로 시설이나 외부환경을 개선하는 역할을 하며, 안건이 있는 경우 공청회를 열어 주민회의를 진행한다. 협회장은 주민의 투표나 추천제로 1년을 임기로 바뀐다.

요즘 어르신들이 삼삼오오 모여 이야기 나누는 벤치나 시민들의 광장이 정원이나 공연장,
카페 등으로 대체되는 것과 달리, 이곳은 주민들이 만나 마주보며 이야기 나눌 수 있도록
'자리'의 기능을 중요하게 여겼다.

주민의 참여와 공동책임으로
커뮤니티 모델로서
긍정적 평가

이 도서관에 대해서는 여러 평가가 엇갈린다. 사서가 없다는 점에서 도서관 본연의 전문성에 대해 의심을 받기도 한다. 그러나 다양한 공동체가 생겨난 것과 주민 모두가 주인이라는 점을 들어 커뮤니티 모델이라고 평가하기도 한다.

북마크 야외도서관은 설립 과정에서 건축회사가 건물의 주인으로서 입주자를 모으는 기존 관행에서 벗어나 다른 방식을 취했다. 먼저 설계 이전 단계부터 건물을 세울 곳의 지역 주민 및 공동체의 요구사항을 꼼꼼히 기록했고, 수렴이 어려운 부분은 투표나 공개설명회를 하여 최대한 다수의 의견을 듣는 방식을 택했다. 뿐만 아니라 공공기관이 모든 책임을 지는 것이 아닌, 참여자와의 공동책임제로 진행했다는 점에서 혁신적이라는 평가까지 이어지고 있다. 준비부터 후속 운영까지 주민에게 모두 공개했다는 점과 이후 다양한 주민 공동체가 만들어졌다는 점에서 이 새로운 방식은 커뮤니티형 건축으로 평가받기에 손색이 없다고 생각한다.

주민에게 도서관 운영권을 주는 혁신적인 행정을 통해 '주민 만남의 도서관'으로 좋은 평가를 받고 있다.

마그데부르크의 살브크 지역 한 모퉁이에 도서관을 짓기 위한 첫 단계는 바로 주민과의 토론이었다. 주민들은 이곳에서 토론과 축제, 책과 연관된 일에 대한 이야기를 나눴다. 한 가지 특이한 점이 있는데, 이곳 야외에선 맥주를 마셔도 괜찮다. 이 지역의 경찰까지 함께 토론하면서 이루어낸 결과다.

초기에는 관료들이, 옥상과 입구에 잠금장치가 따로 없으므로 주민들이 책임 있게 이용하지 않으면 금방 훼손될 수 있다며 걱정과 만류가 심했다. 하지만 지금까지 책이 더 늘고 동아리가 꾸준히 생겨나는 등 잘 운영되고 있다고 하니 관료가 위탁하고 주민이 경영을 인수한 것이라 볼 수 있다.

이 도서관의 사례는 독일에서도 비중 있게 다루며 앞으로도 계속해서 중요한 사례로 떠오를 것이다. 공공행정이 만족스럽지 못하고 불필요한 일을 할 때, 거꾸로 시민들이 다른 의견을 내고 시민 중심으로 설계를 할 수 있다는 것을 확인할 수 있었던 사례이기 때문이다.

도서관 건물을 구석구석 살펴보면 이용자 중심으로 설계되었을 뿐 아니라 커뮤니티를 염두에 두고 지어졌다는 것도 알 수 있다. 먼저 책 선반이 있는 두꺼운 벽이 실내와 실외를 연결하는 통로 역할을 해 사람들이 야외에서도 책을 읽을 수 있다. 또한 잔디가 깔린 작은 광장이 있어 정기적으로 청년들로 구성된 밴드가 콘서트를 하거나 초등학생 연극 동아리가 공연을 할 수 있었다. 카페테리아가 있는 높은 건물은 주로 대중이 선호하는 책들이 있는 공간으로, 초등학생을 위한 놀이 프로그램이 진행된다. 지역 주민들이 직접 운영하는 카페에서는 독서모임, 스토리텔링 커뮤니티 등에 참여하는 주민들이 책을 읽어주기도 하고, 문화공연 신청을 상시 접수하는 매니저 역할의 주민이 상주하기도 한다. 카페나 정원에서 아이들과 놀아주는 주민들도 생겨났다. 자발적으로. 이처럼 북마크 야외도서관은 마을의 문화행사에 다양하게 활용되는 멋진 공간으로 동네에 자리매김하였다.

여행지 중
가장 살아보고 싶었던
도시

2000년대 초까지 동독 특유의 사회 혼란으로 주민들의 우울감이 높았다는데 이곳 주민들은 도서관을 통해 한편으론 치유를 받지 않았을까? 조립식 조각으로 건물을 설계하는 것에서 시작해 참여과정을 거쳐 도서관의 사서이자 마을의 주인이 되는 경험은 분명 자신을 삶의 주체로 서도록 작용했으리라.

유럽 여행을 마치고 여러 나라에 대한 소회를 나눈 적이 있다. 영국은 카페에서 독서모임을 하고 싶은 나라이고,

프랑스는 소도시 곳곳을 여행하며 음악을 만들고 싶은 곳이고, 독일은 농부가 키운 채소로 만든 김밥과 사골국을 팔며 어떻게든 생활을 꾸려보고 싶은 나라였다. 가우디를 거의 신처럼 떠받드는 바르셀로나에서는 조상에게 제사 지내는 우리 문화를 한번 알려보고 싶었고, 포르투갈은 언어를 배워 이웃과 맥주 마시며 하루 종일 대화를 나누고 싶은 곳이었다.

"가장 살아보고 싶은 나라는?"

"독일."

"도시를 정한다면?"

"마그데부르크."

"왜?"

"뭐든 적당해. 넘침이 없어. 적당한 차, 적당한 사람들. 휘황찬란한 프랜차이즈로 괴롭히지도 않고, 너무 크지도 너무 작지도 않은 공원, 교육기관, 문화시설 등이 가까이 있고. 강이 흐르고."

"나도 비슷해. 건축가 훈데르트바서의 건물이 왜 마그데부르크에 있을까 생각해봤는데 우리가 느낀 것처럼 그도 똑같이 느끼지 않았을까 싶더라. 자연과 균형을 이루는 도시라는 거."

"맞아. 내 중장년의 삶은 동독 쪽에서 살고 싶어."

"똑똑도서관처럼"

우리나라에도 북마크 야외도서관처럼 철저히 주민이 운영하는 도서관이 있다. 물론 공공도서관은 아니지만 운영 면에서 가장 비슷한 사례로 똑똑도서관을 들 수 있다. 똑똑도서관은 물리적 공간이 없는 도서관이다. 내가 갖고 있는 책 목록을 웹 플랫폼을 통해 우리 집을 방문해도 되는 날짜와 함께 공유하여 다른 사람에게 빌려준다. 일단 물리적 공간은 도서관이 아니라 아파트와 같은 주택 단지다. 홈페이지에도 소개되어 있듯이 이용 방법은 단순하다. 대출 가능한 시간과 장소를 공지하면 된다. 이 도서관은 책을 돌려보자는 환경적 측면에서도 의미가 있지만 무엇보다 북마크 야외도서관처럼 이웃이 시민의식을 가지고 자발적으로 움직이고 그 과정에서 자연스럽게 서로가 연결되어 이웃 커뮤니티를 형성한다는 점을 높이 살 만하다.

03

프랑스 파리

———

퐁 피 두
도 서 관

———

" 모두를 품으려는
공공성이 돋보이는 도서관 "

독일의 만하임 역에서 새벽기차를 타고 프랑스 파리로 이동
하였다. 경비의 3분의 1은 후원금이었기에 돈을 최대한 아
껴보고자, 새벽기차를 기다리는 동안 역에서 노숙을 하였다.
24시간 문을 여는 카페와 식당을 종종 볼 수 있는 우리나라
와 달리 독일은 도심이어도 대부분 저녁 6시에서 7시 사이

면 노동자가 칼퇴근을 한다. 독일의 호텔에 저녁 7시 넘게 도착하면 인포메이션은 닫혀 있고 'KIM' 또는 'JEONG'이라고 적힌 종이 위에 방 열쇠가 놓여 있는 건 매우 흔한 일이었다. 노동 문화가 이렇다 보니 운영 중인 상점을 찾아볼 수 없어 사방이 뚫린 역에서 추위를 달래며 기차를 기다리는 수밖에 없었다. 새벽이 되자 여행가방에 있는 옷을 죄다 꺼내 껴입어도 너무 추운 데다 노숙인들의 눈길이 더해져 잠을 이룰 수 없었다. 교대로 짐을 지키는 예민함은 프랑스행 기차를 타고 나서야 겨우 녹아내렸다.

변수를 겪는 상황에서
반응하는
내 태도와 말이 곧 '나'

하지만 그것도 잠깐, 한숨 돌리자마자 한국에서 프린트해간 기차표의 예매 내역이 잘못되었다는 승무원의 단호한 말에 또 한 번 벌벌 떨어야 했다. 알고 보니 프린트한 것을 가지고 역에서 발권까지 했어야 했는데 프린트한 것이 표라고 생각하고 그냥 기차에 탄 것이다. 벌금을 낼 수도 있다고 강한 어조로 말하던 승무원은 사람을 꿰뚫어보는 눈으로 잠시 쳐다보더니 학생이냐고 물었다. 나는 최대한 불쌍한 표정을 지으며 얼마 전에 직장을 그만뒀다고 대답했다. 승무원은 한 번 더 실수하면 봐주지 않겠다는 말을 남기고는 자리를 떴다. 고맙다는 말을 내 평생 이렇게 많이 한 적이 있을까. 그녀가 눈에 보이지 않을 때까지 '땡큐'를 외쳤다. 나중에 들은 이야기지만 우리가 탄 독일의 이체에(ICE) 기차는 프랑스의 테제베(TGV)와 견줄 정도로 세계의 매우 많은 사람들이 이용하다 보니 모두에게 평등의 원칙이 적용되도록 하는 교육을 철저히 받는다고 한다. 정말 운이 나빴다면 기차에서 내리게 할 수도 있었을 거다. 그녀의 관용에 다시 한 번 감사함을 느낀다.

간밤에 노숙을 한 탓에 파리에 도착하면 가장 먼저 잠을 잘 계획을 세웠으나 파리의 숙소는 도무지 그럴 수 없었다. 인터넷을 보고 예약한 한국 민박이었는데 사진과는 완전 딴판이었다. 우리나라 평균 키의 여성이 허리를 제대로 펼 수도 없을 만큼 천장이 낮고 시큼한 냄새가 나는 꼭대기 방이 배정되었고, 인터넷 카페에서보다 요금을 더 내라고 요구했으며, 중요한 건 한국인 민박이라고 할 수도 없었다. 중국인이 운영하고 중국동포를 고용한 민박이었기 때문이다. 한국 음식을 기대했던 우리에겐 당황의 연속이었다. 민박에서 지켜야 할 사항 첫째는 다른 여행객의 음식과 주인의 음식을 몰래 먹지 말 것이었고, 둘째는 조용히 할 것이었다. 날벼락 같았다. 한국 사람들과의 시끌벅적한 대화를 기대하며 일부러 한국식 민박을 선택한 우리에겐 저녁 시간이 늘 아쉽기만 했다.

'튄다'라는 동사가
참 잘 어울리는 건물,
퐁피두 센터

그래도 하나 좋았던 건 탐방지인 퐁피두 센터가 매우 가까이 있다는 것이었다. 지린 냄새를 참으며 좁은 골목과 오래된 건물 사이를 지나다 보면 갑자기 에스컬레이터, 수도관, 가스관 등이 원색을 입고 바깥으로 노출되어 있는 한 구조물을 맞닥뜨리게 된다. 이방인인 나에게도 골목과는 어울리지 않는 건물이라는 생각이 드니 당시 파리 시민들에게 얼마나 원성을 샀을지 짐작이 갔다. 세계적으로 유명한 건축가를 심사위원으로 하여 700여 개 출품작 중에서 이 디자인이 선정되었다고 하는데, 요리조리 다시 보아도 구시가지엔 참 어울리지 않는 건물이다.

퐁피두 센터가 들어서 있는 곳은 원래 빈민가 지역으로 술집이 밀집해 있던 유흥가였으나 재개발 사업으로 문화기관이 들어서게 된 것이다. 퐁피두 센터가 도시재생으로서 높이 평가받는 점은, 술집이 즐비하고 농수산물 시장에서 쏟아져 나오는 쓰레기로 인한 악취가 진동하던 동네를 음악과 영화, 그리고 책이 있는 곳으로 탈바꿈시켰다는 점이다.

퐁피두 대통령의 제안으로 농수산물 시장은 파리 남쪽의 헝지스 지역으로 옮겨졌고, 술집을 정리하는 마무리 단계에 도서관과 미술관이 결합된 복합문화기관 프로젝트가 제안되었다. 그리고 곧바로 착수하여 1977년에 퐁피두 센터를 개관하였다.

이곳에는 공공도서관, 국립 근·현대미술관, 음악연구소 등이 있다. 퐁피두 도서관은 이용자에게 책, 기사, 잡지 등과 같은 정보원을 많이 확보해주는 것을 강조하는 곳이다. 우리가 방문한 날이 특별한 날이 아니었는데도 사람들이 도서관을 이용하려고 줄을 길게 서 있는 것이 인상 깊었다. 프

1 퐁피두 센터 외관. 건물 내부에 꼭꼭 숨어 있어야 할 수도관, 가스관이 원색의 예쁜 옷을 입고 시선을 빼앗는다.

2 에스컬레이터도 건물 외부에 두어 내부공간을 최대로 활용한다. 도서관 입구에 줄이 길게 늘어선 것은 낯설지 않은 풍경이다.

3 퐁피두 센터는 오래된 구시가지의 전통가옥들 사이에 자리 잡고 있다. 전통과 현대의 부조화 때문에 초기에 얼마나 원성을 많이 샀을지 짐작이 간다.

랑스가 이렇게 책을 많이 사랑하는 나라였나? 동행한 이큥 말로는 원래 도서관을 많이 이용하지만 특히 테러 단속이 강화되면서 가방조사를 일일이 하다 보니 줄이 더 길어졌단다.

다소 부실한 검사를 마치고 도서관으로 들어갔을 때 가장 먼저 놀라웠던 것은 조명이었다. 이렇게 어두워도 되나 싶을 정도로 사람의 이동 공간이나 쉬는 공간은 조도가 대체로 낮았다. 그러나 열람실 공간으로 들어서자 우려와는 다르게 조명이 매우 환했다. 책들이 잘 보일 수 있도록 해놓았는데 마치 책 전시 전문 공간 같았다.

1층에는 카페테라스, 영화관, 서점이 있고, 2~3층은 예술·문학·언론·잡지 열람실과 학습실, 비디오 및 음향 자료실과 센터를 알리는 홍보실로 꾸며져 있다. 4층엔 사회과학과 자연과학 열람실이 있다. 그리고 5층에는 갤러리와 그래픽아트·조각 전시실을 두어 미술관과 복합문화시설이라는 정체성을 여실히 보여주고 있었다.

자료 구성에서 특히 신경을 쓰는 부분은 철학 분야다. 철학에 관한 질문을 하는 프랑스판 수능시험인 바칼로레아가 전 국민의 관심을 받는 사회 분위기 때문이다.

문화다양성이 곧 공공성,
모두의 도서관 위해
사서만 200명

　이곳은 신간도서를 빨리 읽고 싶어 하는 욕구에 부합하는 운영정책을 펴고 있다. 일부러 소장도서를 40만 권 내외로 한정시켜, 출간된 지 오래된 책은 외부로 내보내고 항상 새로운 소설과 시집, 미술과 음악 관련 신간들을 채워 넣는다. 그렇다 보니 트렌드에 매우 민감한 10대와 20대 방문자가 많다. 우리가 방문한 날에도 10대에서 20대 연령층이 북적거렸다. 그렇다고 젊은이들만 있는 것도 아니었다. 또 하나 인상 깊은 점은 열람실과 휴게실을 엄격히 구분해 놓지 않았다는 것이다. 영국의 바비칸 도서관처럼.

　"이곳을 보니 젊은 층이 많네요. 하지만 그들만 있다는 생각이 들지도 않아요. 한국 도서관은 어린이 아니면 시니어가 공간을 점유하고 있고 대출반납을 하는 층은 주로 학부모예요. 여기는 어떤가요?"

　"삼삼오오 10대에서 노숙인, 시니어, 청년, 관광객까지 다양해요. 문해 정보를 위해서 이주민도 상당히 많은 편이죠. 여기는 종합도서관이다 보니 전체를 위한 고민을 많이 했어요. 어느 층도 소외되지 않게 하기 위해 장서 개발과 마찬가지로 공간 조성에도 심혈을 기울였습니다. 모두가 공간의 주인이 되도록요."

이야기를 듣고 다시 보니 퐁피두 도서관은 지역의 공유 공간으로 자리매김했다는 것을 여실히 보여주고 있었다. 층마다 건물 곳곳에 쉬는 공간이 넓게 있었고 널찍하고 긴 벤치도 있었다. 사람들이 바닥에 앉아 이야기를 나누는 모습도 자주 눈에 띄었다.

우리는 이렇게 물가가 비싼 파리에서 퐁피두 도서관이 과연 다양한 계층이 방문할 수 있는 공공성을 제대로 구현하고 있는지에 대해 짚어보고 싶었다. 콘셉트만 좋고 허울뿐인 공공기관을 많이 봤기에 이곳의 실체를 제대로 알고 싶었다. 지자체가 공공성을 강하게 유지하고 저변을 확대하기 위한 노력을 하는 것이 매우 어려운 일이라는 것을 잘 안다. 예산 문제에 부딪히기도 하고, 정치적 계산으로 무산되는 경우도 있다. 게다가 모두를 생각하다 보면 제각각의 요구에 부응하기 힘들어지므로 늘 그로 인한 민원에 시달리게 된다. 모두를 생각한다는 게 사실 그만큼 어려운 일인데 퐁피두 도서관은 어떻게 그러한 문제를 극복한 것일까?

1 예술의 도시 프랑스답게 사소한 수납장 하나도 예사롭지 않다.

2 신간도서를 빠르게 읽고 싶어 하는 시민의 요구에 맞춰 항상 소설, 시집, 미술, 음악과 관련 신간이 가득하다.

3 도서관 곳곳에 쉴 수 있는 공간이 마련되어 있으며 주위 환경과 조화를 이루는 예쁜 벤치가 있다.

"저희는 이용자를 대상으로 서비스하는 사서만 200명이 넘어요. 정책이나 행정 등을 담당하는 직원까지 합치면 거의 300명을 웃돌죠. 그만큼 인력을 확충해주는 거죠. 그리고 기본적으로 도서관은 포용과 수용의 가치를 지녀야 한다는 사명감이 사서들 사이에 있어요. 우리의 대상은 정보를 이용하는 사람만이 아니에요. 공공기관을 이용하는 누구나 저희와 연결됩니다. 작은 의미의 도서관 개념은 이제 탈피해야죠. 그리고 특히 퐁피두 도서관은 세계를 무대로 하는 퐁피두 센터 안에 있기 때문에 더욱 문화다양성이 곧 공공성이라는 의식을 지니고 있습니다. 모두가 좋아하는 것은 무엇일까, 전체를 다 아우르려면 어떻게 해야 할까를 늘 염두에 두어야 합니다. 장애인까지 모두요."

우리나라 국립중앙도서관의 전체 직원이 대략 280명 정도라 하니 비슷하다고 할 수 있겠으나 중요한 점은 국립중앙도서관의 경우 이용자 대상의 서비스를 담당하는 사서와 행정 직원의 수가 비슷하다는 것이다. 퐁피두 도서관과 비교할 때 포괄적인 면에선 비슷할 수 있으나 그 분포는 다르다.

1부 _ 책이 있는 커뮤니티 공간

사회적 약자와
관계 맺기를 하는
자원활동가 커뮤니티

장서구성 면에서 본다면 모든 학문 분야를 아우르는 종합도서관의 면모이지만 프로그램 면에서는 음악 프로그램과 미술교육 프로그램 등과 같은 현대예술 프로그램이 중심이었다. 그래서 공공성에 대한 질문과 마찬가지 비중을 두고 커뮤니티 프로그램에 관해 물었다. 퐁피두 도서관과 같은 정보제공 위주 도서관은 대부분 커뮤니티를 소홀히 하기 쉬울뿐더러 지역 주민과 함께한다는 개념 자체가 사실 없다. 이곳도 과연 그러한지 궁금했다.

"'아틀리에 컨퍼런스'라는 커뮤니티 프로그램이 있어요. 시민들이 현대예술과 관련된 책을 읽고 토론하는 커뮤니티예요. 이 도서관에서 가장 오래된 프로그램이자 동아리죠. 독서모임보다는 전체를 위한 정보에 집중하고 있어서 커뮤니티 모임이 많다고 할 순 없어요. 그러나 자원활동가 커뮤니티는 규모가 크고 탄탄해요. 일부러 기획해서 만든 것이 아니라 사람들이 자원활동을 하겠다고 자발적으로 찾아와서 만들어졌어요. 자원봉사자는 160명 정도예요. 무급은 아니지만 거의 무급이라 할 수 있는 정도의 활동비를 받죠. 자원봉사자 가운데 100명 정도는 노숙인이나 이민자를 상대하는 역할에 특화되어 있어요. 물론 무급으로 활동하는 자원봉사 조직도 있고요."

난민, 노숙인 등 사회적 약자 계층에 특화되어 커뮤니티가 만들어진 것이 독특해서 좀 더 자세한 이야기를 들어보았다.

"자원봉사자 가운데에는 난민과 노숙인 출신도 있어요. 대체로 문화 소외계층이라고 볼 수 있죠. 정보가 전혀 없으니까요. 주로 문해교육 정보, 파리에 관한 지역 정보 등을 알려주고 있습니다. 도서관에서 도움을 받은 사람들이 많아요. 자원활동을 하는 방법으로 고마움을 표현하는 것이라고 생각해요. 환원을 강조하는 사회 분위기도 물론 작용했을 겁니다."

아직은 난민이나 노숙인 같은 사회적 약자 계층이 정보를 요청하는 경우도 적을뿐더러 이들은 문제를 일으킬 소지가 있다는 이유로 잠재적 통제의 대상이 된다. 하지만 주목할 것은 이들이 들어오지 못하게 막는 것이 아니라 이들을 포용하기 위한 방법을 생각해냈다는 점이다. 그 방법은 바로

1부 _ 책이 있는 커뮤니티 공간

'관계'다. 자원봉사자를 많이 배치하여 많은 사람들과 관계를 형성하도록 하는 것이다. 이렇게 하여 도서관의 공공성은 또 한 번 실현된다.

정보 중심에서
시사 커뮤니티를 고민하는
도서관으로

그렇다면 전체를 대상으로 하는 커뮤니티 프로그램으로는 무엇이 있을까?

"퐁피두 센터는 현재에 일어나고 있는 일들을 소재로 시사성 높은 프로그램을 제공하려고 노력하고 있어요. 시사 문제는 편견과 직결되기 때문에 이를 해소하기 위해서 시의성 있는 프로그램을 진행합니다. 요즘의 가장 큰 이슈는 난민과 브렉시트여서 이와 관련한 정보를 제공하고 강좌도 하죠. 때에 따라선 미술관과 협의하여 공동으로 전시도 진행하고요."

"한국은 프로그램 중심의 도서관이 참 많아요. 프로그

램 운영을 성과의 한 지표로 삼다 보니 규모와 상관없이 무분별하게 진행하기도 하죠. 비슷한 프로그램을 여러 도서관에서 중복되게 운영하기도 하고요. 이곳은 상대적으로 프로그램이 많지 않은데 이용자들이 프로그램을 늘려달라는 요구를 하지는 않나요?"

"요즘 들어 특히 프로그램에 대한 요구가 많아졌어요. 그러나 특정한 무언가를 기획해서 내놓으려고 하진 않아요.

퐁피두 도서관에서 회색으로 채워진 층에는 휴식을 취할 수 있는 의자들이 다른 층에 비해 많은 편이다. 재충전을 할 수 있도록 편안한 분위기를 자아내는 회색의 컬러감을 의도적으로 사용한 것이다. 그리고 벽에는 '실천하는 삶(vie pratique)'이라는 글자가 커다랗게 쓰여 있다.

1부 _ 책이 있는 커뮤니티 공간

주민과 주민이 관계를 형성할 수 있도록 그저 만날 수 있는 장을 만드는 데 주력하고 있습니다. 그 안에서 주민들이 기획하는 거죠. 만나서 자유롭게 이야기를 주고받으면서요. 가장 근본이 되는 것은 요구 파악인 것 같습니다. 어떤 주제에 관심이 많은지 시민들의 마음을 읽으려고 해요. 그래서 적지만 지금 있는 프로그램과 자원활동가 모임 등에서 소통의 장이 만들어지도록 자리를 만들어요. 그렇게 하면 인위적이지 않게 의견을 주고받을 수 있죠."

지금은 다문화 관련 커뮤니티가 만들어질 수 있도록 하는 데 초점을 두고 있다는 말을 끝으로 인터뷰를 마쳤다.

퐁피두 도서관을 나와 다시 건물을 바라보고는 조화롭지 못한 건물이라는 처음 생각이 많이 바뀌었다. 입구에서부터 공공성을 생각한 건물이라는 것을 알게 되었기 때문이다. 이곳엔 입구가 여러 개 있는데, 이는 사람들이 자유롭게 출입할 수 있도록 하는 동시에 누구나 들어와도 된다는 공공성을 상징한다. 내부공간은 다채로운 색깔로 층마다 다르게 힘을 주었는데, 이는 이용자가 한 건물 안에서도 다양한 활동을 할 수 있게 배려한 것이다. 쉬고 싶은 사람은 벤치가 많고 휴게실까지 따로 있는 회색이 많은 층으로 가면 되고, 기분 좋은 상상을 많이 하고 싶은 사람은 노란색과 핑크색이 많이 사용된 공간을 추천한다. 게다가 실내에 있는 사람들이 바깥에서 다 보이는 투명한 유리 외벽은 진입장벽을 낮춰준다는 심리적인 사유에서 비롯된 것이라고 한다.

| **인터뷰** · 캐롤린(사서 및 디렉터) | **통역** · 이쿵 윤

"바칼로레아"

생각을 쓰는 시험으로, 절대평가다. 나폴레옹 때 만들어져 200년 넘게 전통을 유지해온 프랑스판 수능이라고 할 수 있다. 며칠 동안 계속 시험을 친다. 바칼로레아에서 50점 이상의 점수를 받는 모든 사람에게 일반적인 국공립 대학 입학 자격이 주어진다. 시험문제 자체가 사회적 이슈가 되어 시험이 끝나면 각 언론매체와 사회단체가 명사와 시민들을 모아놓고 토론회를 열 정도로 국민의 관심이 매우 높다. 대부분 철학 문제이지만 그 시기의 이슈와 접목하여 질문을 던진다. 이를테면 정치인 탈세와 비리가 부각되었던 2013년엔 '정치에 관심을 두지 않고도 도덕적으로 행동할 수 있는가?'라는 문제가 출제되었다.

"공공성은 '우리 대 그들'이라는 일반화를 벗어나는 것에서 시작된다."

공공성은 해도 되고 안 해도 그만인 서비스가 아니다. 일반화, 편견의 반대말이다. 그래서 공공성은 인권과 연결된다. 다름을 인정하지 않는 커뮤니티는 절대 시작해서는 안 된다. '우리 대 그들'이라는 대결적 사고방식의 언어와 행동을 경계해야 한다.

"커뮤니티가 극으로 치닫지 않기 위해서는 공공성을 기반으로 한다."

양극화될수록 지역사회, 인종, 직업 등 좁은 연관성을 매개로 자신들의 지위보전이나 사회경제적 이익만을 기대하는 공동체로 존재하기 쉽다. 이 책에서 추구하는 커뮤니티는 이런 유형이 아니라, 다양한 세대와 사람들이 함께 만나는 장치. 공공성을 기반으로 한다. 만약 양극화에 대해 큰 문제의식을 느꼈다면 경제적 불평등을 불러일으키는 시스템에 대한 목소리를 함께 낼 수 있는 전략을 세워야 한다.

04

프랑스

앙 제
시 립 도 서 관

> 66 이용자를 다양하게 나누고 배려하는
> 디테일한 공공성 99

프랑스 북서부에 있는 앙제는 오랜 역사를 잘 보존하고 이를 랜드마크로 살린 도시다. 방데 지역의 퓌뒤푸 테마파크를 찾아가던 중 우연히 머무르게 된 도시로, 사실 앙제는 계획에 없었고, 원래는 프랑스 몽모히용 책마을을 비롯해 소도시 곳곳을 돌아다닐 요량으로 차를 사전에 렌트했다. 독일과는 달리 신용카드 명의와 운전자의 명의가 같아야만 차를 빌려주는 법 때문에 운전자의 신용카드나 신용카드 주인의 운전면허증을 요구하였다. 그러나 운전면허증이 없는 그녀와 신용카드를 만들지 않는 그의 만남으로 인해 결국 렌트카는 취소되었고 우리의 소도시 방문 일정은 모두 꼬이게 되었다. 기차 시간을 알아봐야 했고 스페인으로 넘어가는 비행기 일정을 고려해야 했기 때문에 가고 싶었던 도시 중 포기할 곳을 정해야만 했다.

그 일은 지금 생각해도 참 안타깝다. 그러나 내가 얼마나 태평한 사람인지도 잘 알게 해준 사건이었다. 어차피 이러나저러나 당장엔 충격이 커서 아무것도 안 될 테니 마침 가까이 있던 디즈니랜드나 갔다 와서 다시 계획을 세워보기로 했다. 사전에 인터넷 예약을 하면 할인율이 적용되어 더 싸다. 그러나 우리는 계획에 없던 곳을 즉흥적으로 방문한 것이기에 원래 요금 그대로 냈다. 디즈니랜드의 꽃이라는 캐릭터 퍼레이드까지 모두 보았다. 거기서 어떤 한국인들을 만났는데 퍼레이드를 보며 감격에 겨워 울기까지 했다. 그 모습을 보는 나도 눈시울이 붉어졌다. 이 눈물이 그들과 같은 감정 때문인 건지, 틀어진 일정으로 인한 한의 눈물인 건지는 알 수 없다. 지금 생각해도 참 묘한 감정이었다.

그날 신나게 놀고 숙소에서 잠 못 자며 일정을 짰다. 한국에 있는 언니까지 괴롭히며. 그리하여 선택한 곳이 바로 앙제였다.

나이만 다른 게 아니다!
청소년과 성인을
다양한 관점으로 세분화

앙제는 박물관과 성, 대학이 많은 문화의 중심지이자 교육의 도시로 알려져 있다. 인구 중 10퍼센트 이상이 학생일 정도로 학교가 많은 도시여서 인구 수 대비 학생의 비중이 높고 자연스레 도서관이 많은 지역이다. 그래서인지 공부하는 학생들, 자전거 타는 학생들, 도서관에서 책 읽는 학생들을 자주 볼 수 있었다.

우리가 만난 앙제의 첫 도서관은 정원과 도서관이 결합된 건물로, 매우 큰 나무들이 곳곳에 쉼터를 만들어주고 있었고 나무에 기대어 식사를 하거나 책을 읽는 사람들이 많았다. 이곳은 시립 내 총 10개의 도서관을 통합 관리하는 중

앙제 시립도서관 전경. 교육의 도시인 앙제에서는 공원이나 길거리 벤치 등에서 책을 읽는 사람들을 볼 수 있었다.

프랑스 하면 대개 파리의 에펠탑을 떠올리지만 앙제를 방문한 이후로는 그보다 초록 나무 가득한 정원 속 도서관이 떠오른다. 책과 나무가 있는 이곳에서 언제든 쉬어가도 괜찮다는 것을 온전히 표현하고 있는 것처럼 느껴졌다.

심 역할을 하는 운영본부 같은 곳이다. 본부에는 사서가 총 14명 있고, 지리적으로 떨어져 있는 나머지 9개 도서관에 대해 알려주는 사서 두 명이 교대로 일하고 있었다.

우리나라에서는 공공서비스가 공짜라는 인식이 일반적이지만 이곳은 26세 이상이면 1년 단위로 소정의 비용을 내야 한다.

도서관에 들어섰을 때 가장 먼저 눈에 띈 것은 사서들이 있는 안내데스크가 나란히 중앙을 메우고 있는 모습이었다. 사서들이 이용자에게 정보를 알려주고 질문에 답하는 것이 보였고, 안내데스크 한 쪽을 지나서야 책장과 탁자가 보였다.

장서 구입을 할 때에는 앙제가 교육의 도시라는 점을 늘 염두에 두고 기준으로 삼는다. 대체로 종합도서관 성격이 짙은데, 소설, 추리물과 공상과학 소설, 만화, 애니메이션, 시, 언어, 유머, 과학, 인문, 교육, 예술, 역사, 사회학, 경제학, 정치, 철학, 종교, 법률, 스포츠, 요리, 장식, 여행 가이드 등 거의 모든 분야를 다루고 있다. 그러나 특별히 심혈을 기울이는 부문은 교육 분야다. 그래서 조직 내부에 교육 전문가를 두고 있으며 교육 관련 추천도서 전시, 학교와의 연계 서비스가 지속적으로 잘 유지되고 있다.

앙제 도서관에 들어서서 처음에는 우리나라의 시립도서관과 크게 다르지 않다고 생각했다. 그러나 찬찬히 둘러보고 이야기를 나눠보니 상당히 세분화된 서비스를 기획하여 진행하고 있음을 알 수 있었다.

우리나라 도서관은 대부분 이용자층을 유아, 어린이, 청소년, 성인의 4개 그룹으로 한정지어 나눈다. 그러나 앙제 도서관은 청소년과 성인을 더 세분화한다. 모든 연령과 모든 취향을 고려한 장서 구성 등 매우 일반적인 종합서비스 외에도 청소년과 성인 커뮤니티를 세분화하여 추가로 서비스를 제공한다.

청소년의 경우 '전업학생, 일하는 청소년(학교 밖 청소년), 도서관 이웃으로서의 청소년(도서관을 자주 이용하는 청소년), 청소년 자원활동가, 이민자 청소년' 등으로 나눠 커뮤니티를 설정하여 맞춤 정보를 제공하고자 노력한다.

성인의 경우에는 '노조에 가입되어 일하는 성인, 교육센터 직원, 청년 근로자, 은퇴자, 양로원에 있는 성인, 도서관 이웃으로서의 성인(도서관을 자주 이용하는 성인)' 등으로 세분화한다.

사람에 관심을 가져야
정보도 쓸모 있다
이용자에 맞춘 커뮤니티 프로그램

청소년과 성인을 세분화하는 것뿐 아니라 더 인상적인 구분이 있었다.

"게이트웨이라는 이용자층도 있어요. 청소년과 성인의 경계가 따로 없을 수도 있다는 것을 받아들여 청소년에서 성인으로 향하는 애매모호한 시기에 있는 층위까지 아우르죠. 이들을 게이트웨이라고 해요."

특별히 그렇게 구분하는 까닭이 궁금했다.

"사서들은 도서관을 누가 이용하는지에 늘 관심을 가져야 해요. 사람에 관심을 가져야 정보도 쓸모가 있게 되죠. 정보가 활용되지 않고 둥둥 떠다니는 건 의미가 없어요."

"마치 발달심리학을 연구하는 사람 같네요. 실제로 참고하시나요?"

"절대적으로 참고해야 할 책이죠. 우선 사서들이 세대별로 고루 분포되어 있어요. 각자가 세대를 대변하는 사람이라고 생각해요. 세대별 시의성 있는 문제점도 공유하죠. 그리고 발달심리 책을 읽는 건 매우 중요하고요. 무엇보다 도서관이 자리 잡고 있는 곳이 어떤 지역인지, 주변엔 어떤 이웃이 있는지 알게 되면 세분화는 어려운 일이 아니에요. 그래서 도서관마다 조금씩 다르고 주력하는 부분도 다르죠. 그러한 사전조사는 도서관에 책을 채우기 위한 가장 기본적인 첫 단계이자 시작을 위한 첫걸음이죠. 한국은 어떤가요?"

다소 당황한 미소를 눈치 챘는지 나라마다 또 다를 거라는 말을 하고는 대화를 이어갔다. 다양한 층위를 겨냥해 서비스를 하게 되면 결국 다양한 커뮤니티 서비스를 하리라는 생각이 들었다. 그래서 커뮤니티 프로그램과 현재 운영되고 있는 커뮤니티에 대해 물었다.

"본부에는 900석이 넘는 대규모 야외 공연장을 활용한 축제와 공연 프로그램 등이 있습니다. 그 밖에 연관된 중소규모의 도서관은 정말 다양합니다. 이웃의 호응도 좋은 편이죠. 다목적 문화공간을 활용하는 커뮤니티의 경우 주민이 직접 전시를 정기적으로 열기도 하고, 작가 초청 등 도서관에서 흔히 하는 커뮤니티 행사도 하지요. 법률에 관한 공부를 하는 커뮤니티도 있어요. 일상과 직장생활에 필요한 법률정보를 공부한다고 들었어요. 회사가 많은 지역에 있는 도서관이거든요. 또 어떤 도서관에는 청소년의 놀이를 연구하는 커뮤니티도 있습니다.

　프랑스는 특히 생활정보를 알고 싶어서 도서관을 찾는 경우가 많아요. 부동산 및 주택, 가족, 보험, 소비세, 보건, 사회구조, 노동 및 고용 등의 주제가 이에 해당하죠. 그래서 전

——— 기존 건축물을 그대로 활용하여 만든 공연장은 중세시대부터 있었던 듯 고풍스럽게 보인다.

——— 도서관에서 빼놓을 수 없는 음악 코너에는 오래된 LP판부터 최신곡까지 가득했다.

문가와 일상생활에 관련된 주제로 포럼도 열어요. 그렇다 보니 자연스럽게 이웃끼리 서로의 고민이 무엇인지 이야기하게 되고, 후속 커뮤니티들이 만들어지더라고요. 도서관도 이에 발맞춰 생활과 연관된 추천도서들을 함께 제공합니다. 이외에도 청소년과 청년이 많은 지역에 있는 도서관은 악기 대출 서비스와 취업교육 서비스를 제공합니다. 도서관에서 진로 체험의 장을 열기도 해요."

"청년과 청소년은 커뮤니티가 만들어지기 쉽지 않죠?"

"인위적이지 않으려고 해요. 그러나 그 세대의 기호는

앙제 도서관은 지역의 다양한 문화기관에서 후원을 받아 서커스 아트 학교라는 청소년 대상의 예술치유 프로그램을 진행한다.

알고 있어야 하죠. 그래야 정보를 제공할 수 있으니. 대체로 게임, 사랑, 진로 등 일탈을 꿈꾸면서도 안정적이길 원하는 모순이 있습니다. 저희는 뭐든지 도서관에 와서 해보라고 해요. 그러면 한 친구가 다른 친구를 데려오고, 다른 친구가 또 다른 친구를 데리고 옵니다. 그렇게 해서 커뮤니티가 만들어져요. 도서관은 커뮤니티가 시작되는 곳이자 플랫폼이 되는 거죠."

앙제의
각양각색 커뮤니티형
도서관들

인터뷰를 마치고 앙제에 있는 다양한 도서관을 둘러보았다. 앙제 시립도서관을 본부로 두고 연결된 모든 도서관을 다 가보진 못했기에 한국에 와서 자료조사를 좀 더 해보았다. 자세히 알아보니 인터뷰하면서 들은 것보다 훨씬 더 다양한 커뮤니티 프로그램이 있었다.

투생 미디어도서관은 CD, LP판, DVD, 책, 음악잡지 등을 전문으로 하는 도서관으로 성인을 위한 공간과 청소년을 위한 공간을 1, 2층으로 구분했다. 또래끼리 있고 싶은 청소년의 심리를 반영한 것이다. 이 도서관엔 여섯 명의 전문 코디네이터가 있다. 이들은 필요에 따라 세대의 권위를 벗어던지기 위해 피에로와 같은 우스꽝스런 분장을 하고 청소년에게 다가가 소통을 한다. 청소년이 원하는 것이 무엇인지 알기 위한 노력이다. 코디네이터들은 청소년들과 대화하고 그들이 원하는 것을 사서와 함께 설계하는 역할을 한다. 지역 주민과 청소년 상담사, 교사 등으로 구성되며, 누구나 원하면 언제든 코디네이터로 활동할 수 있다. 이들은 사서와 함께 전시 구성과 주제별 엔터테인먼트 프로그램 기획을 한다. 한 예로 디스코 음악을 듣고 춤을 따라 하는 프로그램을 진행한 적도 있다.

애니 프라텔리니 도서관은 예술에 관한 전문서적과 음악 중심으로 구성되어 있다. 애니 프라텔리니는 프랑스의 서커스 예술가로, 프랑스 최초의 여성 서커스 단원이었으며 광대이면서 가수이자 영화배우였다. 그녀의 이름이 상징하는 것처럼 예술에 초점이 맞춰져 있고, 개인 연습을 위한 공간도 누구에게나 제공한다. 도서관에는 피아노가 있어 헤드폰을 끼고 피아노를 연주할 수도 있다. 지역 주민들과 토요일마다 정기적으로 이야기 시간을 갖고 5세의 자녀를 둔 가족끼리 만나 토론하는 프로그램도 있다. 어린 자녀들과 함께하는 가족 단위의 커뮤니티가 있는 곳이다. 뿐만 아니라 정기적으로 작가와의 만남, 워크숍과 전시회, 콘서트, 포럼 등의 행사를 연다.

몽플레지 도서관은 종합도서관과 비슷하게 장서를 갖추고 있다. 한편으론 역사와 철학 및 다큐멘터리의 중요성을 알리는 도서관이기도 하다. 이곳을 대표하는 커뮤니티 프로그램으로 '철학 부엌'이라는 것이 있는데, 철학 주제를 다양한 측면으로 이야기해보는 토론 커뮤니티 프로그램이다. 어린이도 함께 토론할 수 있도록 쉬운 주제들을 선정한다. 지역사회에서 상당히 호응이 높다고 한다.

넬슨 만델라 도서관은 비디오 게임을 할 수 있는 이색 공간이 있는 도서관이다. 다만 혼자 하는 게임이 아니라 가족이나 친구, 이웃과 함께 하는 커뮤니티 지향의 비디오 게임만을 비치한다. XBOX 360과 플레이어 Wii U, PS3와 PS4 등을 설치해놓았다. 이곳엔 게임 분야 전문 사서가 있어서 어린이나 청소년에게 나이에 알맞은 게임을 추천해주고 직접 해볼 수 있도록 도와준다.

이 외에도 법 전문도서관인 법률 도서관, 예술과 과학

을 중요시 여기는 로세레 도서관, 장난감을 통한 스토리 놀이 프로그램이 특화된 벨 도서관, 시의성 높은 사회문제에 관심이 많은 성 니콜라스 도서관, 투생 미디어도서관의 분교와 같은 개념으로 운영되는 청소년 공간 중심의 락 드메인 도서관 등이 앙제에 있다.

사람의 얼굴을 한
앙제 도서관에서
배우는 작은 팁

　　앙제의 도서관들은 건물 자체도 멋졌지만 그 안에 있는 사람들이 뿜어내는 밝은 기운으로 인해 더 멋진 곳이었다. 파리에서는 프랑스 사람들이 다소 차갑다는 편견이 생겼는데 이곳은 전혀 그렇지 않았다. 그리고 도서관을 둘러싼 주변 공간도 인상 깊다. 정원 도서관과 숲속 도서관. 도서관 밖에서도 도서관의 정신은 계속 이어진다. 사람들이 함께 나무에 기대어 쉬고, 식사를 하고, 음악을 감상하며 잔디밭 위에서 햇빛을 느끼며 책 읽는 모습을 흔히 볼 수 있다. 도서관 안

앙제의 어린이도서관에 있는 분류판. '갈등과 사랑', '요리와 건강과 생활예술' 등의 색다른 분류판이 눈에 띈다.

팎이 경직되지 않고 편안한 분위기를 풍긴다. 가구들까지 어느 것 하나 딱딱함을 찾아볼 수 없다.

　　나중에 서점을 운영하게 되면 이렇게 해야지 하는 팁을 앙제 내 여러 도서관에서 많이 얻었다. 예를 들면 어린이도서관은 우리나라와 같이 분류판이 경직되어 있지 않다. '소설＋공상과학(SF)＋사랑'이나 '갈등＋사랑', '철학＋음악'과 같이 여러 주제가 섞여 있는 구름 모양의 분류판이 천장에 달려 있다. 이런 분류 방식은 개인이 지닌 책의 기호를 제한하지 않는다는 장점이 있다. 실제로도 어린이책은 성인 책과는 달리 주제가 명확히 구분되지 않는 모호함이 있다. 이를 분류판에도 자연스럽게 그대로 표현한 것이다.

양제의 도서관들은 인위적인 것을 찾아보기 힘들었다. 언젠가 나도 그런 자연스러움과 편안함을 다른 사람들과 공유하는 책방을 내고 싶다.

| 인터뷰 · 크리스틴(사서) | **통역** · 김정현

"형용사나 동사를 덧붙인 층위로 이용자를 세분화해보자."

이용자 세분화라고 하면 보통 유아, 어린이, 청소년, 성인 등 나이와 세대에 따라 구분하는 것을 의미한다. 그러나 그 그룹 안에서도 사람들은 매우 다르다. 가만히 생각해보면 명료하게 말할 수 있는 사람이 있을까. 무엇을 하는 유아, 어떤 감정을 가진 청소년 등으로 상대를 세분화한다면 더 관계 맺기가 쉬울 것이다. 이것은 다른 사람을 어떤 시선으로 바라봐야 하는지가 반영된 것이기도 하다. 스펙에 매몰되어 욕망덩어리로 지내는 20대 OOO, 이제 막 공동체에 눈을 뜬 30대 OOO, 비혼을 고민하는 30대 OOO, 아침에 눈 뜨면 회사 가기 싫은 생각부터 드는 40대 OOO 등 다양한 층위의 발견은 곧 사회에서 약자를 발견해내는 힘을 갖기도 한다. 어떤 감정으로 어떤 행동을 하며 삶을 살고 있는지에 초점을 맞추어보자. 타인의 감수성에 공감해야 정확한 정보가 모인다. 커뮤니티 구성의 기본은 그것부터가 아닐까. 그래야 사람들 간에 어떻게 관계 맺기를 해야 할지 그 방법이 떠오를 수 있다.

05

포르투갈 포르투

———

알메이다 가헤트
시립도서관

———

❝워크숍을 통해
협동의 가치를 나누는 도서관❞

'포르투'는 우리나라의 부산과 자주 비교되는 항구도시다. 우리는 이곳 사람들의 정다운 분위기에 매료되었다. 고풍스럽고 낮은 건물들이 계단처럼 줄지어 있는 덕분에 바다 근처에서 모여 사는 집들은 모두 바다를 볼 수 있다. 자연을 되도록 함께 공유하는 마음이 건물 배치에서 잘 느껴졌다. 그리고 현지인이 다니는 자전거 길에는 관광객을 몰고 다니는 트램도 함께 다니는데, 그 길을 지날 때면 관광객에게 손을 흔들고 따뜻한 눈빛을 보내는 사람들을 자주 만날 수 있었다.

포르투를 방문한 첫날은 유로축구2016의 포르투갈 경기가 있던 날이다. 그 기간에는 저녁마다 마을 광장 곳곳이 함께 축구를 관람하기 위한 곳이 되었다. 그곳에서 만난 한 할머니는 광장에선 못 춰도 되니 마음껏 춤추라며 따듯한 말을 건네주기도 했다.

이곳의 유명 관광지이기도 한 공원에는 커다란 문화시설이 들어서 있다. 알메이다 가헤트(Almeida Garrett) 시립도서관이다. '알메이다 가헤트'는 포르투 출신의 소설가이자 시인, 극작가, 정치가의 이름으로, 포르투갈에 처음으로 낭만주의를 도입한 포르투갈 낭만주의 문호다.

알메이다 가헤트 도서관은 19세기에 조성된 크리스털 왕궁 정원 안에 있어서 도서관에 가려면 먼저 공원 입구를 지나야 한다. 입구에는 현대적이고 커다란 'PORTO'라는 글자 조형물이 있다. 포토존 역할을 하기도 해서 실제로 사진을 찍기 위해 사람들이 줄을 선다. 공원은 사치스럽지 않고 휴식처라는 공원의 제 기능에 충실한 아주 평범한 곳이었다. 공작새가 비둘기처럼 활보하고 다니는 것만 빼면.

시의성 있는
전시를 진행하는
미술관이 결합된 도서관

　　도서관이 있는 건물은 1, 2층의 미술관과 지하의 도서
관이 결합된 형태의 복합문화공간이다. 모두 시에서 운영한
다. 우리가 방문한 날에는 미술관에서 '피그스(PIGS, 유럽 국
가 가운데 최근 심각한 재정위기와 국가채무에 시달리고 있는 포르
투갈(Portugal), 이탈리아(Italy), 그리스(Greece), 스페인(Spain)의
앞 글자를 조합해 만든 신조어)'라는 주제로 예술가들이 만든

공원 안에 있는 알메이다 가헤트 시립도서관은 1, 2층의 미술관과
지하의 도서관이 결합된 구조다.

작품을 전시하고 있었다. 공교롭게도 때마침 영국이 유럽연합을 탈퇴한다는 '브렉시트'를 선언하여 이 전시가 더 특별하게 다가왔다. 쓰고 남은 영국 화폐는 가치가 떨어져 눈물을 머금고 유로로 환전할 수밖에 없었는데, 사람이 참 간사한지라 손해를 보다 보니 자연스럽게 영국의 브렉시트 문제를 다룬 기사를 찾아보게 되었다. 운 좋게 의미 있는 전시를 감상한 뒤 도서관에 대한 이야기를 들으러 지하로 내려갔다.

이곳은 미술관과 도서관을 결합한 독특한 형태지만 도서관의 공간구성은 평범해서 대체로 우리나라에서도 흔히 볼 수 있는 모습이었다. 알메히다 가헤트 도서관을 방문하기로 마음먹은 연유는 그보다는 이 시립도서관이 협동을 강조하는 프로그램을 운영하기 때문이었다. 물론 우리가 방문한 곳 대부분이 커뮤니티를 중요하게 여기는 곳이었다. 하지만 공공기관이 특히 커뮤니티를 만들기 위한 워크숍을 전면에 내세우는 경우는 쉽게 찾아보기 힘들기에 부푼 마음을 안고 방문했다.

알메이다 가헤트 도서관은 2012년에 지역 내 다른 서점들과 연계하여 책 축제를 함께 진행했는데, 이는 포르투 도시 자체에서도 커뮤니티 축제로서 높은 평가를 받았다고 한다. 그러나 지속적이지는 못했다. 하지만 그 일을 계기로

1부 _ 책이 있는 커뮤니티 공간

지역 내 서점 사이에 커뮤니티가 생겼고, 축제만큼의 규모는 아니지만 도서관과 서점이 연계해 작가와의 만남 같은 프로그램을 진행하게 되었다.

도서관에 들어서면 꽤 많은 양의 예술작품이 곳곳에 전시되어 있는 것을 볼 수 있는데 이것이 모두 함께 작품을 만드는 워크숍에서 만들어진 것이다. 워크숍 방식으로 어떤 작품을 만들면 좋을지에 대해 연구하는 동아리도 생겼다. 도서관 입구에서부터 책을 고르는 곳곳의 여백 공간, 책을 찾아가는 동선 등에 정말 각양각색의 작품들이 놓여 있었다. 그것이 모두 그동안 도서관에서 해온 워크숍의 결과물이다.

도서관은
협동의 가치를
알려주는 곳이어야

특별히 여러 사람이 하나의 작품을 만드는 워크숍을 지향하는 이유가 궁금했다.

"도서관이 협동의 가치를 알려주는 곳이어야 한다고 생

도서관 곳곳에 공동워크숍을 통해 탄생한 작품들이 전시되어 있다.

각해서예요."

"다른 방식도 많을 텐데 특별히 이런 예술작품을 만드는 이유는 무엇인가요?"

"공간의 특수성이 크게 작용한 것 같습니다. 저희는 도서관만 있는 것이 아니라 미술관이 같이 있어요. 게다가 공원 안에 있고요. 자연에서 영감을 얻는 예술을 도서관과 접목하는 건 어찌 보면 매우 자연스러운 일이죠."

"협동의 가치에 집중하는 것은 포르투라는 도시가 현재 겪고 있는 경제 상황이나 분열의 역사와도 연관이 있나요? 예술치유의 일환으로 보이기도 해서요."

1 미술관에서는 피그스 나라들의 역사성을 보여주는 아카이브 전시를 하고 있었다.
2 독일의 왕궁에서 춤을 추고 있는 두 경찰관의 영상 전시를 통해, 경제권력의 힘이 절대적이라고 믿는 유럽의 여러 나라들을 비판하고 있다.
3 피그스로 낙인 찍은 유럽의 여러 나라들을 비판하는 시사잡지 표지가 벽면을 가득 메우고 있는 전시도 진행 중이었다.

"꼭 포르투갈의 현재 상황 때문에 그런 건 아니에요. 협동은 보편적인 가치죠. 우리 도서관이 특별히 협동이라는 가치에 집중하는 건 모두가 불완전하다는 것을 알리기 위해서입니다. 세계적으로 양극화도 심하고요. 많은 것들이 경제적인 기준으로 평가되죠. 피그스 전시회도 그것을 비판하고 있어요. 도서관이 경제 성장을 이루어내진 못하겠지만 적어도 불균형과 불완전을 극복할 수 있는 건 협동이라는 점을 알려줄 수는 있는 거죠."

경쟁에 익숙한
우리가
숙연해질 때

도서관에서는 함께 어떤 하나의 작품을 만들어내는 것보다 각자 만들어서 개인이 취하는 식으로 프로그램을 진행하는 경우가 흔하다. 경쟁 문화가 익숙한 우리나라에서는 공공 영역에서도 협동의 중요성을 염두에 둔 기획보다는 사람들이 많이 오도록 하는 데 더 초점을 맞춰 진행을 하곤 한다.

어찌 보면 가치는 전해지지 않고 숫자로 드러나는 성과만 있는 악순환의 반복이다. 협동의 감수성 없이 배지를 찍어내듯 프로그램을 찍어내는 수준에 머물게 되면 결국은 잘 팔리는 것만 만들게 된다. 이를 거부하고, 다소 느리고 소수더라도 협동의 감수성을 키우는 방법 중 하나인 워크숍 프로그램을 다양하게 구성한 알메이다 가헤트 도서관의 프로그램을 더 구체적으로 알아보았다.

"일반적으로는 책과 연관된 작품을 함께 만들어보는 것을 해요. 인물을 만들기도 하고 자연물을 만들기도 하고요. 이벤트 워크숍 프로그램을 하는 경우는 계절이나 특별한 날을 기념하여 연관된 작품을 함께 만들죠. 그리고 참여한 사람들 스스로가 작품을 가지고 이야기를 만들어낼 수 있도록 스토리텔링이나 작품해설 시간도 갖고요."

"참여하는 층은 주로 아이들인가요?"

"그것도 기획에 따라 다릅니다. 아이들이 많긴 합니다. 학교와 연계한 프로그램을 많이 하니까요. 요즘은 아이들 중에서도 마음이 아픈 아이들을 대상으로 하는 워크숍을 기획하고 있습니다."

그 밖에도 매주 토요일에는 도서관이 가족 커뮤니티 중심으로 운영된다. 또한 이곳은 학교 사서와의 연계가 매우

어린이도서관에서 진행하는 공동워크숍에 참여하고 있는 아이들. 아이들의 상상력만큼이나 작품도 다양하다. 작품을 전시할 공간이 있는 곳이면 어디든 학생들의 작품으로 빼곡하다.

밀접한 편이다. 우리나라처럼 이곳의 학교 사서들도 다른 공공기관의 사서보다 대우나 자원 면에서 넉넉하지 않은 편이다. 그렇다 보니 부족한 것이 너무 많아 점점 학교도서관의 질이 떨어진다고 한다. 이 부분은 우리나라 현실과도 상당히 비슷했다.

그래서 시립도서관은 학교도서관에서 필요한 것을 지원해주는 시스템을 오랜 시간 논의했고, 그 결과 서로에게 좋은 방향을 찾아가고 있다. 현재는 학교 사서와 공공도서관의 사서가 서로 긴밀하게 연결되어 있으며 학교 사서들의 처우개선에 대해 공공도서관 사서가 함께 목소리 높인다.

학교도서관을 찾아가는 이동도서관 버스는 포르투갈 전통 타일예술을 현대적으로
해석한 포르투의 '플렉시블 디자인'이 반영된 것으로 도시의 정체성을 잘 드러낸다.

뿐만 아니라 상호 지원하는 구조도 형성되었다. 버스를 도서관처럼 꾸며 학교도서관을 찾아가는 버스도서관을 통해 직접 학교의 아이들을 만난다. 그리고 학교도서관 사서의 의견을 분기별로 수렴하여 가장 난감한 문제를 토론한 후 선정된 안건을 공공도서관이 함께 해결하기 위한 구체적인 예산 확보의 근거자료로 활용한다.

알메이다 가헤트 도서관이 상대적으로 약자의 위치에 있던 학교도서관의 열악한 상황을 함께 극복하기 위한 협동을 한다는 점 때문에 협동의 가치를 알리는 프로그램들이 더욱 공신력을 갖게 되었다고 해도 과언이 아니다. 협동은 누구나 스승이나 제자가 되어 서로 엮이도록 하는 데 방점이 있다기보다 누가 엮이지 못하는지를 파악할 수 있기에 더욱 중요한 가치다. 그리고 그것을 알아챈 사람이 엮이지 못하는 사람을 보듬어주는 것이 협동하는 공동체의 참모습일 것이다. 그런 점에서 학교도서관을 보듬고, 수많은 아이들과 워크숍을 진행하는 알메이다 가헤트 도서관을 마음 깊이 응원한다.

| **인터뷰** · 파티마(사서), 사스라(사서) | **통역** · 김정현

"남을 뚱뚱하다고 한다고 내가 날씬해지는 것이 아니라는 이치를 깨닫자."

서로가 서로를 비난하며 경쟁하기 바쁘다. 직장에서도 학교에서도 전반적으로 경쟁에 익숙한 언어를 많이 사용한다. 밥을 먹을 때도 1등으로 먹었다고 자랑스럽게 말하는 아이들. 내가 가장 먼저 아이디어를 냈다고 자랑하는 사람들. 내가 누구보다 예쁘고 누구보다 날씬하다고 하는 사람들. 이처럼 서로를 경쟁자로 생각하는 것을 당연하게 여기는 것은 매우 위험하다. 남을 뚱뚱하다고 말한다고 해서 내가 날씬해지는 것이 아니다. 내가 누군가의 인생을 망친다고 해서 내 인생이 행복해지는 것이 아닌 것처럼. 이런 이치를 되새겨보자.

"함께 게임을 해보자."

워크숍 형태의 게임은 여럿이 모여서 하는 활동이다. 혼자가 아니라 함께 게임을 하기 때문에 모두에게 추억을 만들어주고 무엇보다 유대감이 형성된다. 워크숍 게임은 가상의 공간에서 즐기는 것이 아닌 손으로 직접 조작하면서 즐기는 것이라 관계 맺기를 위한 태도를 갖게 해준다. 대표적으로 보드게임을 추천한다.

06

스페인

———

바 르 셀 로 나
서 점 들

———

"도서관의 역할을 대신하는
커뮤니티 지향 서점들"

바르셀로나는 가우디 건물만 보러 다녀도 시간 가는 줄 모를 곳이었다. 건축양식이 정말 아름다웠다. 우리는 사전에 숙박 공유 사이트를 통해 구엘 공원 근처에 방 하나를 예약했다. 구엘 공원에서 20분 정도 더 오르다 보면 작은 동산이 하나 나오고, 그 끄트머리엔 현지인만 간다는 요새가 있다. 지인의 추천을 받아 그곳에서 야경을 본 좋은 기억이 있다. 그러나 그곳도 이젠 관광객에게 널리 알려졌는지 "관광객 꺼져!"라는 낙서가 곳곳에 보였다.

현지인은 관광객에게 낙서를 통해 금을 그어 놓은 것 같았다. 관광수입이 아주 높은 이 나라 현지인의 낙서가 모순이라고 생각하면서도 한편으론 이해가 갔다. 북적이는 사람들로 인해 시끄럽고 물가만 오른 작은 언덕배기 동네 사람들에겐 여유 같은 것은 주어지지 않았을 터.

주민들이 관광객 때문에 피해를 입는 것과 관련해 합의가 없으면 곤란하다. 적대적인 낙서로 관광객의 비웃음을 사지 않고 현지인의 괴로움도 덜기 위해서는 관광지구에 사는 주민의 삶을 다시 설계하는 것이 필요하지 않을까. 그런 지혜를 짜내기 위해서는 목소리를 함께 높일 거주민 공동체가 있어야 할 것이다. 시간이 좀 더 주어졌다면 그 동네 사람들과 이와 관련한 이야기를 나눠보고 싶었는데 그렇게 하지 못해 아쉬웠다.

지역성을 반영하는
커뮤니티 프로그램을 지향하는
서점들

바르셀로나에서는 서점 4곳을 탐방하였다. 개인적으로 나는 주변 사람들에게 서점에 대한 찬가를 자주 늘어놓는 편이다. 직어도 순기능에 대한 이미지가 굳게 자리 잡고 있다. 민주주의를 고대하고 파시즘에 대항하는 청년을 숨겨주기도 했던 일부 바르셀로나 서점들은 책만 파는 소비지향적인 곳이 아닌 책의 내용을 팔고 커뮤니티를 중요하게 여기는 곳이었다. 최소 30년 된 서점에서 100년 이상 된 서점까지 다양했다. 물론 경제 불황으로 문 닫는 서점이 생겨나기도 했지만 여전히 서점 사이에 균형을 이루면서 시민들의 지속적인 발걸음을 맞이하며 역사성을 유지하고 있었다.

방문한 서점들은 공통적으로 지역성을 반영하려고 노력하고 있었다. 그래서 마케팅 관점으로 접근하기보다는 문화적 관점에서 접근하려는 시도가 보였다. 서점을 기반으로 자발적인 커뮤니티들이 생겨난 사례도 있었다.

한편으로 이곳 서점들은 도서관의 역할을 대신했다. 도

서관과 상생하면서도 도서관과 같은 공공성이 짙게 배어 있었다.

　우리나라에서도 서점과 도서관이 상생하는 경우를 종종 볼 수 있다. 지역 도서관에서 주관하는 '동네 서점에서 책 사기 운동'이라든가 신간이 빨리 입고되는 서점의 특수성을 활용한 '서점에서 대출하기 프로젝트' 등이 있다. 그러나 아직 바르셀로나의 서점들처럼 커뮤니티를 지향하는 서점 사례는 많지 않은 편이다.

**지역 상인과 상생하여
전문서점의 폭을 넓힌
리베 아이메스 서점**

　서점들을 방문하면서 무엇보다 놀라웠던 것은 서점 직원의 자부심과 권위, 그리고 고객의 신뢰가 높다는 점이었다. 모든 사람이 대학을 가는 사회가 아닌 스페인에서 대부분 대학을 졸업한 사람들이 서점에서 일을 한다. 즉 서점은 전문 식견이 있어야 근무할 수 있는 곳으로 자리 잡혀 있다.

사회적으로 수준이 높다고 인식되어 있는 서점의 직원들은 이러한 기대를 충족시키기 위해 마을 주민과 서점 고객을 위한 다양한 활동을 기획하고 좋은 책을 추천하는 일을 게을리 하지 않는다.

처음으로 방문한 리베 아이메스(Lliber Jaimes) 서점은 프랑스 관련 도서를 주로 취급하는 프랑스 도서 전문서점이다. 65퍼센트가 프랑스 도서이고 나머지는 카탈루냐 및 이탈리아 관련도서다. 책을 구매할 때 중요하게 여기는 것은 이용자와의 소통이고 이용자가 원하는 책을 주로 구입하려고 한다. 소통 도구로 웹사이트, 페이스북 등 SNS를 활용하며 정기적으로 뉴스레터도 발행한다.

리베 아이메스 서점은 1941년 몬세 씨의 할아버지가 시작해 현재는 손녀인 몬세 씨가 운영하고 있다. 원래는 최대 번화가인 그라시아 지구에 있었다. 그러나 월세 50년 계약이 끝나면서 임대료가 너무 올라 3년 전에 이사하였다. 스페인에서는 셰어하우스가 라이프 스타일이 됐을 만큼 임대료가 올라 오래 전부터 이동 계층이 많은 것이 사회문제가 되어왔다. 이곳도 예외는 아니었던 것이다.

기존 고객이 멀리서 찾아오는 번거로움에 보답하기 위해 더 다양한 활동을 기획한다. 한 달에 한 번 정도 주로 노

1,2,3 리베 아이메스 서점. 프랑스 도서 전문서점으로, 한 달에 한 번 정도 노래·시·소설·독서 모임 등을 진행한다. 지역 상인들을 강사로 모셔서 그 분이 종사하는 업종과 연관된 음식, 요리 등 식문화, 생활예술, 지역문화 등에 대한 강연을 여는 프로그램도 있다.

4,5 서점 안에 책과 꽃을 선물하는 '산 조르디의 날'을 알리는 포스터가 붙어 있었는데, 리베 아이메스 서점 옆에는 아기자기한 꽃집이 있어 상생하고 있었다.

래·시·소설·독서 모임 등을 진행하며, 그 달에 새로 나온 책 중 주목할 만한 책이 있으면 연관된 이벤트를 기획하기도 한다. 이용자와의 소통은 바로 이런 프로그램을 통해 이루어진다고 생각하기 때문이다. 그래서 프랑스 관련 전문서점답게 시와 음악에 관한 커뮤니티 프로그램을 진행한다. 독서모임은 주최자가 제안하고 고객이 모이는 형태다. 대개 20명 정도로 시작하는데 마지막에는 9명 정도밖에 안 남는단다.

"책을 함께 읽는다는 것은 세계 어디를 가도 중요한 작업이지만 매우 어렵기도 한 것 같아요. 저도 많은 독서모임을 보고 해보았지만 처음 인원이 그대로 유지되기는 쉽지가 않더라고요. 여기도 그렇네요?"

"사실 함께 읽는 건 어려운 일이 아니에요. 우리 모두가 다 제각기 바빠서 문제죠. 한 날 한 공간에서 같은 시간에 만나 이야기할 여유가 없는 게 문제죠. 이런 문제의식을 계속 알려야 해요. 그래서 서점별로 소비 지향적으로 경쟁할 것이 아니라 책 속 내용을 팔려는 노력도 해야 합니다."

우리는 간간이 몬세 씨의 생각에 의견을 나누며 이야기를 이어갔다. 그래도 독서모임은 10명 정도가 꾸준히 핵심 멤버로 활동하고 있고, 대부분의 문화 프로그램에는 이곳 서점의 최대 수용인원인 50명가량의 사람들이 참여한다.

가장 궁금했던 것은 바르셀로나에서 프랑스 책을 파는 것 자체가 이미 이용자를 대폭 한정하는 셈인데 이렇게 오랫동안 운영되어온 비결이 무엇인지였다. 몬세 씨는 지역성을 반영하는 것이 중요하다고 강조했다.

"사실 이전에 있던 그라시아 거리에서는 그러한 커뮤니티를 고려할 필요를 못 느꼈어요. 사람들이 다들 바빴고 이용자층도 책을 사기 위해 오는 사람들이 대부분이었으니까요. 그러나 이곳으로 이사하면서 커뮤니티를 생각하게 되었습니다. 서점 주변에 시장과 학교가 있다 보니 지역 사람들과 연계하는 활동을 자연스럽게 고려하게 되더라고요. 한 예로 우리 서점에는 대표적인 지역 프로그램이 있어요. 매주 월요일 시장이 문을 닫는데 그런 날 상인들을 강사로 모셔서 그 분이 종사하는 업종과 연관된 음식, 요리 등 식문화, 생활 예술, 지역문화 등에 대해 강의를 듣는 프로그램을 만들었습니다."

나는 내 귀를 의심했다. 여기가 도서관이었나 하는 착각이 들 정도로 이 서점은 단순히 우리가 생각하는 틀에 박힌 상업서점이 아니었다. 그래서 좀 더 깊이 들어가 운영철학에 대해 물었다.

"사실 특별한 운영철학은 없지만 할아버지대부터 부모

님 그리고 현재는 저까지 대대로 이어오다 보니 역사성이 잘 보존되고 잘 경영됐으면 하는 바람과 욕심이 있어요. 어떻게 하면 오래도록 유지할지 고민합니다."

원래 몬세 씨는 생물학자였는데, 부모가 운영하는 이 서점에서 하루의 반나절을 보내다 보니 자연스럽게 서점 운영에 관심을 가지게 되었고 결국 경영을 맡게 되었다. 현재 이사 온 공간에 매우 만족하며 옆집이 꽃집이어서 더욱 그러하다는데, 이 말에 우리는 갸우뚱했다.

"꽃집과 서점이 무슨 관계가 있나요?"

"스페인의 기념일 중 산 조르디의 날(4월 23일)이라는 것이 있어요. 이 날은 세상이 장미와 책으로 가득 차는 날이에요. 남자는 여자에게 장미를 선물하고, 여자는 남자에게 지혜가 담긴 책을 선물하는 거죠."

알고 보니 '산 조르디의 날'은 스페인에서 매우 큰 축제이고 세계적으로도 유명한 책 축제 가운데 하나였다. 그래서 서점과 꽃집이 상생하는 효과를 누리고 있었다. 그녀의 환한 웃음이 계속 이어지길 바란다는 인사말을 전하며 서점을 나왔다.

고객을 소비자가 아닌
호기심에 찬 사람으로 보는
라이에 북카페

두 번째로 방문한 곳은 서점을 겸하는 라이에 카페(Laie Cafe)였다. 1981년에 문을 열어 35년의 세월을 보낸 이곳은 특히 프로그램을 수강한 이용자들의 자발적 독서모임이 활발하다. '라이에'라는 이름은 라이에타 거리에서 따온 것으로, 라이에타 거리는 사무실과 상점이 매우 많아서 이곳을 고려한 특별한 프로그램을 하지는 않고 도시 전체에 초점을 맞추고 있다. 이곳은 카페와 결합된 서점이지만 책공간과 카페가 합쳐진 것은 아니고 구조상 1층은 책공간, 2층은 카페였다.

라이에 북카페에는 드로잉 강좌(수강료 120유로)와 글쓰기 강좌가 있다. 이곳은 특히 글쓰기 프로그램이 특화되어 있는데 7~9월 사이에 2회 정도 진행된다. 자문위원과 함께 글쓰기 기본강좌를 기획하였고 소설 과정, 판타지 과정, 동화 과정 등 과정을 나누어 선택할 수 있도록 했다. 드로잉 강좌는 이 지역의 시민센터와 함께 진행하는 합동 프로그램이

1,2 라이에 북카페, 카페와 결합된 서점으로, 늘 '어떤 호기심을 풀어줄까'라는 물음을 염두에 두고 시민들의 호기심을 탐구한다.

3 직원이 추천하는 도서가 공간에서 큰 비중을 차지하고 있으며, 문화 프로그램과 연관된 도서도 함께 전시되고 있다.

4 이곳에서 진행하고 있는 다양한 문화 프로그램이 게시판에 안내되어 있다. 인터뷰에서 자주 오르내리던 셰익스피어 프로그램과 신간도서 작가와의 만남도 눈에 띈다.

다. 일명 '바르셀로나 거리 스케치'라는 문화 프로그램으로, 시민센터에서 직접 찾아와 드로잉 강좌 기획 및 개설에 대해 협업을 제안했다. 마케팅 직원과 프로그램 기획 직원이 각각 역할을 맡고 있으며, 주로 현재 팔고 있는 책과 연관된 활동을 기획하려고 한다.

1년에 1~2회 정도 컨퍼런스도 진행한다. 얼마 전에는 셰익스피어의 삶에 관한 컨퍼런스를 열었다. 컨퍼런스의 주제 선정에서 유추할 수 있듯이 이곳은 문학을 중요하게 여기는 서점이기도 하다. 뿐만 아니라 정치, 시 분야에 관한 책도 많다. 그러나 유명한 책이라고 해서 무조건 들여놓지는 않는다. 서점 주인인 루이스는 이웃 주민들이 라이에 서점을 좋아하는 까닭이 꼭 친숙한 분야의 책 때문만은 아니라고 생각한다. 고객을 단순히 책을 사는 소비자로 보는 것이 아니라 호기심 어린 대상으로 보고 그 호기심을 풀어주기 위해 직원들이 해결사가 된다는 가치를 공유하며 서비스를 제공한다.

"'무슨 책이 잘 팔릴까?'라는 고민 속에서 책을 구비하고 전시하는 것이 아닙니다. '어떤 호기심을 풀어줄까?'에서 출발해 서비스에 대한 계획을 세우니 다른 서점과는 좀 다른 방식이 나오는 것 같아요. 요즘은 시민들이 어떤 부분에 호기심을 가질지 탐구해요. 물론 요구조사도 하죠. 그래서 이용자들이 이 서점을 더 좋아하고, 커뮤니티센터와 협치할 수 있었던 것 아닐까요?

우리 서점은 체인은 아니지만 현재 피카소 미술관과 가우디의 카사밀라에도 입점해 있습니다. 해당 기관에서 서점 입찰공고를 냈는데 그때 많은 서점이 지원했어요. 그런데 저희가 선정되었죠. 그래서 이 도시에 더 영향력이 커진 것 같습니다. 피카소 미술관과 카사밀라에 입점해 있는 서점은 본점과는 다른 작용을 합니다. 홍보관의 역할을 하지요. 아무래도 관광지에 분점이 있다 보니 세계적으로 그 유명세가 더해진 것 같습니다. 반면에 본점은 주로 책을 읽는 사람들이 많이 오기 때문에 공간에 들어오는 햇빛, 소리 같은 부분에 신경을 많이 썼습니다. 저는 이 점이 특히 바르셀로나에서 유명해진 이유가 된다고 생각해요. 따사로움과 적당한 소음이 있는 공간이라는 점 때문에 세계의 작가들이 찾아오죠."

문화 프로그램은 대부분 무료이나 강사를 초빙하는 프로그램은 유료이고, 운영방식에 따라 비용이 다르지만 대부분 재료비 정도 수준으로 받는다. 프로그램이 끝난 뒤 자발적으로 생긴 커뮤니티를 서점이 계속해서 관리하지는 않지만 그 커뮤니티가 계속해서 이곳을 방문하고 수강을 하거나

1부 _ 책이 있는 커뮤니티 공간

다른 책읽기 모임을 하는 등 지속성이 높은 편이라고 한다.

라이에 북카페는 우리나라에서도 흔히 볼 수 있는 형태의 북카페다. 그러나 우리나라에서는 책이 중심인 북카페는 생각보다 찾기 어렵다. 보통 책은 인테리어가 된다. 그러나 이곳은 정말 책이 중심인 카페였다. 분위기부터 조명, 그리고 지역에 대한 서점의 철학까지 참 멋진 곳이다.

분야별 전문가 직원이
사서 역할을 하는
알리브리 서점

세 번째로 방문한 알리브리(Alibri) 서점은 입구에서부터 눈길을 끌었다. 작은 메모판이 있었는데 바로 언어교환 모임 게시판이었다. 간략하게 자신이 할 수 있는 언어와 연락처를 적은 포스트잇이 다닥다닥 붙어 있었다. 이곳은 스페인에서 가장 오래된 서점 중 하나로 90년의 역사를 지니고 있다. 스페인 내전 때도 있었던 서점이다.

이곳은 돌아본 곳 중 가장 도서관과 비슷한 꼴을 갖추

고 있었다. 책의 주제별로 직원을 배치하는데 역사, 언어, 지리, 어린이, 사회, 심리 및 교육학, 음악 등 분야별로 안내데스크를 두어 서점 직원이 각 주제에 대해 전문사서 역할을 한다. 직원은 총 40명이다. 단순히 책이 어디에 있는지 알려주는 우리나라의 서점과는 달리 곳곳에 비치된 분류판과 함께 있는 직원들의 모습에서 아우라가 느껴졌다.

서점 직원들은 안내데스크에 앉아 자신이 맡은 주제에 대한 정보를 제공하고 추천도서 전시구성도 진행한다. 각 분야를 담당하는 직원은 대부분 해당 분야와 연관된 공부를 한 전문가다. 그렇다 보니 아무래도 전문성에 바탕을 둔 문화 프로그램에 대한 신뢰가 높아 지역 주민에게 인기가 많다.

문화 프로그램으로 스페인과 카탈루냐 지방 역사탐방이 있고, '책 가이드'라고 하여 해당 분야의 직원이 책을 소개해주는 프로그램도 있다. 매일 오후에 저자 강연회 또는 저자에 대한 설명을 해주는 '카시 카나리아'라는 프로그램도 유서 깊은 프로그램이다. 만나고 싶은 저자를 적어 넣을 수 있는 의견함도 인기다. 뿐만 아니라 역사를 함께 공부하는 독서모임이 오랫동안 운영되고 있다.

이처럼 역사성이 있는데도 경제 불황 때 사실 이곳도 문을 닫을 뻔했다고 한다. 그러나 지역 주민들의 홍보와 사

1 알리브리 서점. 90년의 역사를 지닌 오래된 서점으로 경제 불황 때 문을 닫을 뻔했으나 지역 주민들 덕분에 다시 운영하게 되었다.

2 분야별로 안내데스크를 두어 서점 직원이 각 주제의 전문사서 역할을 한다.

회적 각성으로 서점을 찾는 사람들이 다시 늘어나기 시작해 계속 문을 열 수 있게 되었단다. 이곳을 오래도록 이용해온 지역 주민들은 주변에 서점의 상황을 적극 알렸고, 젊은 층은 SNS에 '바르셀로나 서점에서 책 사기'라는 해시태그를 통해 서점을 알리기도 했다.

골목길 작은 광장의
공연과 토론이 입소문을 탄
칼데스 인문학 전문서점

끝으로 인문학 전문서점인 칼데스(Calders)를 방문했다. 칼데스는 골목 안쪽에 있었는데, 그렇다 보니 골목은 칼데스 서점만의 작은 광장이 되었고 이곳에서 저녁에 하는 콘서트가 이웃들 사이에 입소문으로 퍼져나갔다. 칼데스라는 이름은 라이에 북카페처럼 거리 이름에서 따왔다. 인문학 전문서점답게 문학, 역사, 철학 책의 비중이 높다.

이곳에는 매주 수요일 라이브 공연을 비롯하여 책을 소개하고 토론하는 커뮤니티 프로그램이 있다. 이것만을 기다리는 팬 층이 있을 정도로 수준이 높고 인문학이라는 특정 영역 때문에 단골고객도 많은 편이라고 한다. 책을 고르는 기준은 잘 팔린다 안 팔린다가 아니다. 책의 문학적 가치를 높이 산다. 그리고 직원들이 책을 직접 읽고 구매하여 파는 것을 원칙으로 한다.

"책을 읽고 나서 판매하려면 아무래도 책을 제공하기까지 시간이 많이 걸리지 않나요? 고객은 신간을 계속 요구할 텐데요."

"맞아요. 그런데 그게 우리 서점의 특징인걸요. 무작정 신간을 원하면 다른 곳에서 사면 되죠. 추천할 만한 책인지 알려면 우리가 직접 읽어야 돼요. 느려도 어쩔 수 없죠. 특히 인문학은 더욱 느리죠. 좋은 책을 구비하려는 노력엔 시간이 필요하다는 걸 알아야 합니다."

인문학이라는 주제를 특별히 선택한 이유가 궁금했다. 그에 앞서 서점 직원들이 상당히 전문가 분위기가 풍겼기에 바르셀로나의 서점이 갖는 지위에 대해 알아보고자 이에 대해 먼저 물어보았다. 예상한 대로 바르셀로나의 서점 직원들은 학식이 높은 편이라고 한다. 또한 고객과의 신뢰 관계가 잘 쌓여 있는 편이라 대체로 서점 직원이 추천하는 도서를 고객들이 믿고 읽는 편이다.

1,2 칼데스 서점 앞 골목은 칼데스 서점만의 작은 광장이 되었고 이곳에서 저녁에 하는 콘서트가 이웃들 사이에 입소문으로 퍼져나갔다.

3 칼데스는 직원들이 책을 직접 읽고 구매하여 파는 것을 원칙으로 한다. 책 고르는 기준을 잘 팔린다 안 팔린다가 아니라 문학적 가치에 둔다.

바르셀로나에서 돌아본 서점들은 저마다 낭만적인 아이디어와 관계맺음이 있는 서점들이었다. 서점 주인의 실체를 알아가는 재미도 있었다. 어떤 주인은 독서모임을, 어떤 주인은 탐방을, 또 어떤 주인은 토론을, 어떤 주인은 예술을 매개로 지역에서 상생하며 살고 있었다.

전자책의 시대, 비싼 임대료, 대형 자본 등으로 인해 서점이 문을 닫는 구조 속에서도 서점과 연결된 커뮤니티의 힘을 믿으며 용기를 내고 있는 사람들 덕분에 마음이 참 따뜻해졌다.

| **인터뷰** · 몬세, 루이스, 아벨(서점 주인) | **통역** · 송지연

"산 조르디의 날"

스페인 바르셀로나의 가장 큰 축제로, 카탈루냐의 밸런타인데이라고 부를 정도로 로맨틱한 날이다. 카탈루냐에 살던 사나운 용에게 공주를 재물로 바치려고 할 때, 조르디가 용을 물리치면서 공주가 행복하게 살았다는 이야기에서 비롯되었다. 용이 죽으면서 흘린 피가 장미를 상징한다. 가우디 건축물 중 하나인 '카사 바트요'의 옥상 부분이 바로 용과 산 조르디의 전설을 모티브로 디자인되었다.

한편 이 날은 〈돈키호테〉를 쓴 세르반테스와 〈로미오와 줄리엣〉을 쓴 셰익스피어가 타계한 날로, 이를 기념하기 위해 '세계 책의 날'로 지정되었다. 그래서 카탈루냐에서는 산 조르디뿐만 아니라 '세계 책의 날'도 함께 기념하여 남자는 여자에게 장미꽃을 선물하고, 여자는 남자에게 지혜가 담긴 책을 선물한다. 이 날이 되면 바르셀로나 거리는 온통 장미꽃과 책을 사고 파는 행인들로 북새통을 이룬다. 서점이나 축제 행사장 주변 곳곳에 작가 사인회 및 팬과의 만남 행사도 많고 카탈루냐기를 상징하는 다양한 모양의 빵과 케이크, 젤리 등도 맛볼 수 있다.

"교환 파티"

바르셀로나의 서점들은 정기적으로 기증받은 책이나 오래된 책을 헐값에 파는 장터를 연다. 이 벼룩시장을 좀 더 지역에 스며든 형태로 진행해보는 것은 어떨까? 동네 서점에서 지역 주민들과 서점이 함께 책 교환 파티를 열어보는 거다. 벼룩시장에 내다 팔거나 온라인에 중고상품 정보를 올리기 위해 소중한 주말을 낭비하는 것보다는 주변에서 이웃과 직접 만나 물건을 교환하는 일이 더 손쉽고 재미있다는 것을 알게 될 것이다.

Part
2

일상의 휴식처, 커뮤니티 센터

커뮤니티가 활성화되기 위해서는 일상에서 누릴 수 있는 편안하고 아늑한 물리적 공간이 중요하다. 우리는 그런 가치에 입각해 공간을 조성하는 것은 단순히 개인의 힘으로만 되는 것은 아닐 것이라고 생각했다. 그래서 먼저 공적 자본이 들어간 공간을 찾았고, 일상에서 흔히 접할 수 있는 커뮤니티센터에 주목했다. 커뮤니티센터를 통해 사회구조적으로 서로 협력할 수 있는 장이 형성되어 있는지, 공동체를 강조하고 서로 협력할 수 있는 분위기를 만들고 있는지 살펴보고 싶었다.

사회연결망 속에서 발휘되는 능력을 중요하게 여기는 사회에서는 개인보다 공동체를 강조하는 교육과 커뮤니티가 많이 형성될 수밖에 없다. 그래서 먼저 다음과 같은 지향점을 갖고 있는 곳을 선택했다.

- 사회혁신이나 사회문제를 위한 해결방법을 강조하는 곳

- 비영리단체와 공공기관이 서로 협력하는 곳

- 평생교육과 예술교육을 하는 곳

그리고 이러한 요건을 갖춘 곳들 중에서 다양한 사회자본을 담고 있는 커뮤니티센터를 조사하였다. 그곳에선 어떻게 사회자본을 실현했는지에 대한 물음도 함께.

- 커뮤니티센터는 일상적으로 주로 어떤 프로그램을 진행하는가?

- 주민이 직접 어떤 요청을 하였을 때, 아무런 이의나 조건 없이 주민의 요청을 수락해줄 통로가 열려 있는가?

- 특별한 가치관이나 활동이 있는가?

- 지속가능한 정책을 펼치고 있는가?

슈피엘바겐

> **"**놀이 커뮤니티 프로그램으로
> '상호이해'와 '관용'을 배우는 지역기반 사회공간**"**

마그데부르크에서 만난 훈데르트바서의 건축물은 경이로움
그 자체였다. 그는 공사 부지에 나무가 있다면 절대 베지 않
았다. 그리고 어느 곳 하나 같은 방과 창문이 없다. 삐뚤빼뚤
선들로 공간을 구성하고 오르막이 있다면 그대로 건물 안에
오르막을 담았으며 원색으로 조화를 만들어냈다. 훈데르트

바서는 이렇듯 생태주의 가치관을 잘 녹여내어 건물을 짓는 건축가로 유명하다. 오전 내내 그가 설계한 건물 안에서 철학적 감상을 하면서 시간을 보낸 뒤 슈피엘바겐(Spielwagen)을 방문했다.

건물 외관부터 프로그램까지
권위를 완전히 벗어던진
색다른 상담센터

슈피엘바겐은 비영리기관으로, 어린이와 청소년을 위한 놀이를 연구하고 실천하는 단체다. 본부는 별도로 있고 지역별로 상담센터를 운영하고 있는데, 마그데부르크에 있는 이곳도 그런 센터 중 하나다. 이곳 센터의 이름은 엠마(Emma). 처음 봤을 땐 우리가 찾던 곳이 맞는지 몇 번이고 지도를 보고 주변을 둘러보며 확인을 했다. 센터 건물이 주택가 한가운데에 있었고, 옛날 집을 개조한 것으로 보이는 외관도 독특했지만 내부를 보고는 더 당황스러웠다.

입구 왼쪽에는 파란 매트리스가 깔려 있고 청소년들이

삼삼오오 모여 누워 있었다. 문턱을 넘어 안으로 들어가니 부엌에서 아이들이 요리를 하고 있었고 한쪽 구석엔 또 다른 아이들이 트램펄린 위에서 점프를 하고 있었다. 맨 안쪽은 사무공간인 듯 컴퓨터 두 대와 책상과 의자가 있었다. 상상했던 상담센터 풍경과는 완전 딴판이었다.

직원으로 보이는 한 여성분에게 이곳이 슈피엘바겐이 맞는지 물어 그렇다는 말을 들은 뒤에야 경계심을 풀었다. 인터뷰를 요청한 우리에게 그녀는 마침 센터장이 곧 방문할 것이라고 했다. 기다리는 동안 이곳저곳을 둘러보았다. 센터 주변에 있는 주택은 대부분 저소득층이 사는 연립주택이었고, 센터 밖에는 잘 가꿔진 작은 정원과 큰 냉장고 두 개가 있었다.

탐색이 끝났을 때쯤 센터장으로 보이는 한 남성이 들어왔다. 친절하게도 직원이 자초지종을 설명하자 센터장은 흔쾌히 인터뷰에 응하며 주변 곳곳의 특색 있는 공간에 대해서도 자세히 설명해주었다.

마그데부르크 주택 밀집지역에 있는 슈피엘바겐의 엠마 센터는 시 소유의
공간을 지원받아 설립되었다.

신체놀이를 하는 방. 아이들은 매트리스에 누워 놀이를 하기도 하고 잠을
자기도 한다.

놀이를 매개로
사회공간 만들기와
사회교육에 접근

센터가 사무를 보는 공간이라기보다는 아이들을 위한 공간인 것 같은 점이 독특해 센터에 대한 소개를 먼저 해달라고 했다.

"슈피엘바겐은 사회보장법에 따른 사회교육 서비스를 제공하는 비영리기관입니다. 어린이와 청소년을 중심으로 운영하지만 가족에 대한 부분까지 사회교육 프로그램을 연구하고 실천하고 있습니다. 가장 중요하게 생각하는 사업은 사회공간 만들기예요. 이곳도 상담센터이면서 동시에 사회공간인 셈이죠."

"그래서 공간구성을 이렇게 하신 거군요. 그렇다면 이곳에선 무슨 일을 하며 단체에는 어떤 사람들이 있나요?"

"저희가 지향하는 것은 아이들이 이 상담센터를 자신들의 공간으로 인식하도록 하는 것입니다. 그래야 그들의 목소리를 들을 수 있지요. 편하게 들락날락할 수 있도록 노력합니다. 슈피엘바겐은 학교나 도시의 상담센터를 중심으로 놀이 커리큘럼을 개발하고 실천합니다. 어린이 및 청소년 대상의 놀이 개발은 물론 학교연계사업 등에도 중점을 두고 있는 NGO라고 할 수 있지요. 그래서 사회교육학을 공부한 전문가들이 많아요. 생태교육도 중요하게 여기기 때문에 자연 및 야생동물에 관해 공부한 전문가도 있죠. 그 외 각종 놀이교육을 개발하는 담당자가 있고요.

저는 대학교에서 사회복지를 공부하고 컴퓨터과학과 경영도 공부했습니다. 현재는 이곳의 센터장으로 있고요. 여기에서 좀 떨어진 곳엔 어린이와 가족을 위한 상담센터도 있어요. 그곳 일도 겸해서 하고 있습니다."

놀이를 매개로 사회 혁신을 고민하는 단체인 슈피엘바겐은 역사가 20년이 넘은, 독일에선 꽤 오래되고 지지기반이 탄탄한 비영리단체다. 단체에서 운영하는 상담센터는 가족과 어린이, 청소년을 위해 노력하는 곳이다. 센터는 아이들 스스로가 문을 열고 들어올 수 있을 정도로 상당히 개방된 곳으로, 사회공간과 사회교육을 위해 다각도로 접근하고 있었다. 놀이라는 매개를 통해.

'상호이해'와 '관용'을 주제로 한
어린이와 청소년 대상의
다양한 놀이 프로그램

이곳에서는 어린이와 청소년 프로그램이 정말 다양하게 운영되고 있어서 해당 프로그램 이야기만 하는데도 시간이 모자랄 정도였다.

"텃밭을 공동으로 가꾸고, 요일마다 놀이 프로그램을 기획하여 진행합니다. 이용자는 적게는 10명에서 많게는 100명 사이죠. 인근 주택가 아이들이 많이 놀러 와요.

푸드 셰어를 통해 함께 요리해서 먹는 것이 이젠 하루의 일과가 되었어요. 야외에서 영화를 상영하는 프로그램도 정기적으로 진행합니다. 어린이와 부모를 위한 스포츠 교실도 운영하고요. 요리나 마사지 등도 함께 배우죠. 엘베 강을 따라 자전거 여행을 하기도 하고요. 함께 아이스크림을 먹는 프로그램도 있어요. 매년 자연탐험과 모험교육이 다채롭게 바뀝니다. 매월 한 차례 환영카페라는 것도 열어요. 새로운 사람들과 만나는 자리죠.

그 외에도 서커스 교육, 도자기 워크숍, 일요극장 등이 있습니다. 일요극장은 일요일마다 어린이와 가족들을 센터에 초대하여 함께 공연을 감상하는 프로그램입니다. 예를 들면 인형극, 어린이 극장 등 공연을 보면서 즐길 수 있어요. 문화를 함께 공유하며 가족 간의 결속력을 다지도록 하기 위한 것입니다."

"프로그램이 정말 많은데요. 기획을 할 때 가장 중요하게 생각하는 것이 무엇인가요?"

"주제의식입니다. 저희는 '상호이해'와 '관용'을 주제로 합니다. 프로그램이 많은 이유는 해당 가치를 터득하는 데 다양한 선택지를 주고 싶어서예요. 아, 빼먹은 게 더 있네요. 축구팀도 있고 함께 뗏목을 만들어서 보물사냥을 하러 가기도 합니다. '보상과 처벌'이라는 주제로 정기 포럼을 열기도 하고요."

정말 아이디어가 끝도 없었다. 그 가운데에서도 특히 '푸드 셰어'라는 것이 인상적이어서 좀 더 자세한 이야기를 들어보았다.

"푸드 셰어는 푸드스토리 프로젝트의 일환으로 진행한 것입니다. 각 센터 앞에 냉장고를 놓아둡니다. 그러면 지역 주민들이 나눌 음식을 넣어놔요. 저희는 부엌공간을 공유하고 있어서 직접 요리를 해먹어도 돼요. 일주일에 여러 번 빵,

아이들은 이곳에서 자신들이 먹을 음식을 직접 요리한다. 식재료는
공유냉장고에 있는 것을 활용한다.

센터 앞에 놓여 있는 공유냉장고. '푸드스토리 프로젝트'의 일환으로
마련한 공유냉장고를 통해서 이웃과 음식을 공유한다.

과일과 채소, 요거트 등 정말 다양한 음식이 냉장고에 들어차지요. 인근 지역의 이웃들이 워낙 나눔을 잘 실천하는 덕분에 냉장고에 음식이 가득합니다. 그래서 이 음식을 자원봉사자 50명 정도가 필요한 곳곳에 배달을 해주기도 하죠. 2014년부터 지금까지 약 10톤의 식량이 버려지지 않고 필요한 사람들에게 전달되었어요. 그래서 환경상도 받았죠."

이곳 냉장고에 주민들이 넣어두는 음식은 슈퍼엘바겐과 협치하고 있는 사회교육기관이나 학교 및 다른 지역에 있는 상담센터를 비롯하여 농장, 이민자 커뮤니티, 인근 지역의 소외계층 등에게로 다시 환원되고 있다.

이곳에는 청소년들의 입장에서 그들이 일상적으로 하는 낙서를 활용하여 뗏목을 만드는 '뗏목 건축'이라는 독특한 프로그램도 있다.

"저희가 추구하는 것 중 하나로 '무제한 행동하기'라는 프로젝트가 있어요. 학생들의 개별성도 중요하지만 그들의 공통된 특성도 중요하다고 본 거예요. 그 또래 아이들은 삶에서 자기 마음대로 할 수 있는 것이 많지 않아요. 그래서 욕구가 낙서를 통해 발현됩니다. 그것을 잘 알아줘야 해요. 저희는 지자체의 허락을 받고 5개 조로 나누어 낙서가 있는 뗏목을 만드는 프로젝트를 했어요. 온갖 낙서가 출몰했습니다.

그러나 한 가지 조건을 달았어요. 절대 다른 사람을 비하하는 낙서는 안 된다고요."

"유럽은 낙서라고 하면 스프레이로 하는 그래피티가 대부분이네요."

"한국은 어떤가요?"

"주로 펜과 매직이죠."

"펜과 매직으로 뗏목 만들기를 하면 낙서가 지워질 것 같네요. 하하."

이곳 엠마 센터에는 직원이 전혀 관여하지 않는 자발적 커뮤니티 '밀'이라는 것도 생겼다. 아이들끼리 신나게 놀다 더 자발적으로 놀고 싶어 만든 후속 커뮤니티란다. 함께 요리를 해먹는 것이 주요 활동이다. 워낙 프로그램이 많기에 그와 연관된 후속 커뮤니티가 다양할 수밖에 없다. 물론 몇 년 운영되다가 없어지는 것도 있어 정확히 파악이 되지는 않지만 현재 센터장인 랄프 씨가 알고 있는 것만 해도 10개 정도가 된다.

지역사회에서 쌓은
신뢰가 곳곳의
사회공간 만들기로 연결

이곳에서 일하는 사람들 가운데에는 사회학 관련 전공자가 많다. 인력기반이 탄탄해서 매우 다양한 기획을 할 수 있었고, 그러한 이점으로 인해 지역사회에서 신뢰를 쌓을 수 있었다. 그리고 이는 학교와 연계사업을 하는 데 큰 원동력이 되어 학교와 연계성이 매우 강한 단체가 되었다. 초등학교에서 고등학교까지 총 13개 학교 각각에 맞는 커리큘럼을 논의하고 제안하는 것은 물론 일정 궤도에 오를 때까지 학교에 상주하며 피드백을 주고받기도 한다.

우리나라의 경우 학교와의 연계가 아직까지는 허울뿐이거나 일시적인 경우가 많아서 학교와 어떻게 연계가 이루어지게 되었는지 궁금했다.

"저희도 처음엔 그랬어요. 그러나 신뢰가 쌓이면 지속성이 나오죠. 지금은 우리 놀이 프로그램에 상당히 신뢰를 보이고 있어요."

"어떤 학교들과 함께하나요?"

"초등학교에서 고등학교까지, 그리고 특수학교도요."

"매우 광범위하네요. 앞서 말한 프로그램들이 실제로 학교에서도 이루어지나요?"

"네, 그렇습니다. 때에 따라 내용이 추가되거나 간략해지기도 하지만 가치관은 같습니다. 상호이해와 관용에 다양한 색깔을 입히고 있습니다. 앞서 말한 것처럼 저희는 사회공간 만들기를 중요하게 여겨요. 센터에서만이 아니라 학교를 중심으로 사회공간 만드는 프로젝트를 기획하여 진행한 적도 있어요. '난민 정원'이라는, 난민과 함께하는 학교였지요. 노숙인이 많은 난민을 대상으로 무료로 숙박을 제공하는 것으로, 교정을 정원처럼 꾸미고 곳곳에 난민들이 쉴 수 있는 공간을 제공하는 것입니다. 최근 난민에 대한 갈등이 심한데, 이 프로젝트를 계기로 아이들이 난민의 이야기를 직접 들을 수 있었습니다."

"특수학교도 같은 방식으로 하나요?"

"특수학교도 문제될 것이 없죠. 다만 특수학교 아이들은 갈등에 쉽게 노출되어 있어요. 갈등의 의미와 갈등이 생겼을 때 어떻게 대처하는지에 좀 더 초점을 맞춰 놀이를 통해 가르칩니다. 사안에 따라선 아이들이 실제로 겪은 문제를 헤아려 놀이로 풀어낼 수 있는 방법을 고민합니다."

직원의 사무공간은 어느 나라나 비슷하다. 고민의 흔적으로 보드에 글이 빼곡하다.

센터 건물 앞에 있는 버려진 팔레트를 활용한 벤치는 아이디어가 돋보인다.

'휴고'라는 특수학교에는 슈피엘바겐 소속의 직원 두 명이 직접 채용되어 2년 동안 커리큘럼을 기획하고 아이들과 진행하며 안정적인 교육과정으로 정착될 때까지 지원을 아끼지 않았다고 한다. 슈피엘바겐은 지역사회에서도 공로를 인정받아 '독일의 이웃상'과 '마그데부르크 시 환경상'을 받았다.

'청소년 농장'이라는 프로그램도 있는데, 이 프로그램도 센터가 직접 주관하는 것이 아니라 연계기관이 하는 사업이라고 한다.

"학교 말고도 연계하는 기관이 더 있나요?"

"네. 저희와 같은 가치관을 지닌 곳과는 얼마든지 연계할 수 있습니다. 청소년 농장은 생태수업 프로그램이에요. 직접 식물을 키우고 동물을 기릅니다. 특히 정서적으로 불안정한 친구들에게 좋은 수업이죠. 독일뿐만 아니라 유럽의 청소년들 사이에서 가장 큰 문제는 폭력이에요. 특히 그런 성향을 보이는 친구들에겐 이 프로그램을 추천해주고 있어요."

각 지역의 센터를 통해 방문하는 사람들의 의견을 수렴하고, 이를 바탕으로 담당자가 기획을 할 수 있는 구조는 상담센터가 존재해야 할 이유를 여실히 보여주고 있었다. 청소년과 어린이의 놀이를 위한 상담센터, 어린이와 가족을 위한 상담센터, 학교와 그 아이들을 위한 상담센터 등 다양한 곳에서 다양한 프로그램을 운영하며 사회공간을 창출하고 있는 것을 보며 이곳이 어떻게 역사와 신뢰를 쌓을 수 있었는지 충분히 이해할 수 있었다.

| **인터뷰** · 랄프 웨이트(센터장) | **통역** · 김정현

"아이들과 만나는 방법이 반드시 거창할 필요는 없다. 그러나 다양한 선택지를 주는 어른이 되자."

지금껏 어린이와의 소통, 청소년을 위한 정책이라고 하면 큰 틀에서 학습적인 것들만 이야기해온 경우가 많았다. 자세히 들여다보면 어른이 원하는 것을 그럴듯하게 포장한 것도 있다. 그러나 디지털 확장이 그 어느 때보다 많이 이루어지고 간접경험을 풍부하게 할 수 있는 지금 시대에 아이들은 어른의 욕구를 단번에 알아차린다. 그들의 공감을 이끌어낼 수 있는 콘텐츠로 말을 걸어야 한다. 그렇다고 사회적 가치를 버리면서까지 낮추라는 뜻은 아니다. 만약 폭력적인 게임을 좋아하는 아이들이 있다면 세상엔 또 다른 재미있는 선택지가 있다는 것을 보여주자. 중요한 것은 다양한 선택지다. 누구든 인간이라면 그럴듯해 보이는 것, 처음 보는 것을 선택하여 해보고 싶은 욕구가 있다. 그것을 잘 반영하여 세상에는 얼마나 다양한 것들이 있는지 아이들에게 알려주는 어른이 되어보자.

08

독일 라이프치히

———————

슈 피 너 라 이

———————

66자본주의 예술 산업에 배치되는
예술가 중심의 문화예술 커뮤니티**99**

독일의 베를린에서 마그데부르크를 지나 좀 더 밑으로 가면
라이프치히라는 도시가 있다. 동독의 파리라는 별칭이 있을
정도로 음악, 미술, 출판 등 문화와 예술을 중요하게 여기는
도시이며, 괴테, 파우스트, 나폴레옹과 관련된 장소들로도
유명하다. 역사가 천 년이 넘는 라이프치히는 예술뿐만 아니

라 독일의 현대사에서도 중요한 도시로 자리매김하고 있다. 독일 통일을 위한 비폭력 운동이 일어난 곳이기 때문이다.

산업시대의 산물이
문화예술 공간으로
변모

이 도시의 명소들을 모두 뒤로 하고 가장 먼저 발길이 향한 곳은 거대한 방직공장에서 문화예술공간으로 변모한 슈피너라이(Spinnerei)였다. 우리나라에서도 이미 도시재생 연구대상으로 매우 유명하다.

갤러리, 프로젝트실, 현대미술관, 독립영화관, 도서관, 아카이브 등 예술가와 주민 모두의 공간을 비롯하여 인쇄·그래픽·텍스트 미디어 등의 작업공간인 그래픽 디자인실이 있고, 수공예·춤·연극 등의 퍼포먼스 공간과 식당·관계자실·미술소품가게 등과 같은 상업 및 관계자 전용공간이 있다. 1884년에 설립된 방직공장을 재건축해서 만들었지만 건물의 형태는 현재까지도 거의 변한 게 없다. 다만 용도만 다르

1 슈피너라이 방직공장 시절의 모습. 굴뚝의 연기가 한때 번성했던 그때를 떠올리게 한다.

2 1884년에 세워진 방직공장을 문화예술 공간으로 용도를 변경했지만 건물의 형태는 원형
  그대로 보존하고 있다.

게 사용할 뿐. 부지 한 쪽은 소방서와 병원으로 사용하고 있고 나머지는 문화예술 용도로 사용하고 있다.

우리나라에서도 종종 폐건물이 도서관이나 주민센터 등의 공공공간으로 탈바꿈했다는 이야기가 종종 들린다. 폐공장, 폐광촌, 구도심 등 여러 가지 이유로 사람들이 떠난 빈 공간에 예술가를 입주시키는 레지던시 개념의 예술촌이 전국 각지에서 나타나고 있다.

정선의 삼탄아트마인은 폐광인 삼척탄좌를 예술촌으로 복원한 것이다. 버려진 자동차 정비소를 카페로 개조하여 영업 중인 브라운 핸즈는 기존 구조물과 설치물을 크게 변형하지 않고 노동자의 땀에 대한 메시지까지 잘 간직한 채 운영되고 있다. 합정 대림창고가 갤러리로 변신한 것도 비슷한 맥락이다.

역사가 숨 쉬는 공간을 활용한 슈피너라이처럼 이미 많은 곳에서 버려진 공간을 과거와 현재를 연결하는 공간으로 살려내는 작업이 주목을 받고 있다. 그럼에도 이곳을 방문한 까닭은 그 투박한 폐공장에서 예술가가 안팎으로 어떻게 소통하는지 알기 위해서였다.

주민을 위한
개방공간이어야
한다는 것이 전제

　　슈퍼너라이의 빨간 벽돌 건물은 독일 산업화의 특징을 잘 보여주고 있었다. 건물 안에 철길이 있던 흔적으로 보아 방직공장이 얼마나 거대했는지 상상할 수 있었다. 라이프치히에서 공부하고 있다는 통역자 세미 씨도 이곳은 처음이라며 설렘을 표현하였다. 한국에선 나름 유명한 사례로 꼽혀 방대한 자료들을 찾아볼 수 있다. 슈퍼너라이는 라이프치히에서도 외곽에 있는데, 실제로 많은 단체에서 교육을 위해 견학을 온다고 한다.

　　이곳은 19세기에 중요한 일자리 공급처였다. 당시 라이프치히는 상업 도시이자 박람회 도시로 명성이 높았다. 예전엔 이 지역 일대가 방직공장 단지였는데, 그중 가장 대표적이고 유명했던 공장이 슈퍼너라이다. 건물을 원형 그대로 살리고 그 안에서 변화를 꾀하게 된 중요한 출발점은 독일의 기념물 보호법이다.

　　공장을 폐쇄하고 나서 처음에는 주민들에게 부지 내 몇

몇 건물의 공간을 무료로 제공하여 그곳에서 주민들이 과일과 채소를 재배하여 팔기도 했다고 한다. 이러한 역사를 봤을 때, 지금과 같은 문화예술 복합단지로서 명성을 되찾을 만한 기획이 애초에 있었던 것은 아님을 알 수 있었다. 다만 주민을 위한 개방공간으로 존재해야 한다는 철학이 계속 이어져왔다는 것은 짐작할 수 있었다.

그러니까 슈피너라이가 처음부터 예술가들의 커뮤니티 공간으로 준비된 곳은 아니었다. 이후 다양한 그룹의 커뮤니티를 위한 실험이 있었다. 그런 각고의 노력 끝에 슈피너라이는 라이프치히의 성격에 맞게 문화예술 행사와 예술가들을 위한 공간으로 재탄생되었다. 지자체는 예술가들이 적극 기획하고 참여하며 협동해서 일한다는 조건하에 4개의 회사에 부지를 위탁했다. 슈피너라이 전체를 한 회사가 오랫동안 소유하는 형태가 아니다.

"모든 회사가 완전 소유 개념이 아니라는 것에 서명을 했어요. 처음엔 기계가 하나도 없는 텅 빈 건물을 인수하겠다는 사람이 없었지만 문화산업의 중요성이 널리 퍼지면서 모든 공간이 임대 대상이 되었고, 많은 회사가 투자를 하려고 하였습니다."

"그렇다면 예술가가 회사에 내는 임대료가 올라가진 않

았나요?"

"투자가 활성화되니 임대료가 계속 올라갔습니다. 그래서 젠트리피케이션에 대한 우려의 목소리가 높아졌어요. 매주 1천 명씩 라이프치히로 거주 인구가 유입되면서 집값이 상승한 것도 영향을 미쳤죠. 앞으로 이 공간에 자연사박물관이 이사 올 예정이에요. 아마 임대료는 더 올라갈 것입니다."

예술가가 만들어낸
창조 공간의 이면,
젠트리피케이션

회사들은 그러한 조건하에서 이 공간을 어떻게 활용할지 고민하였다. 첫 실마리는 전 세계 130명 정도의 예술가를 모이게 하는 작업실로서 공간을 운용하는 것이었다. 초기에는 한 달 사용료가 200유로였으나 지금은 700유로로 매우 비싸져서, 현재는 유명한 예술가들 중심으로 모이는 상황이 되었다.

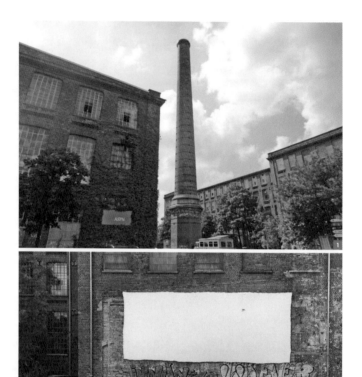

1 슈피너라이의 굴뚝은 메르켈 총리가 방문하여 인증사진을 찍을 정도로 슈피
  너라이를 대표하는 랜드마크다.

2 굴뚝 옆에 있는 야외극장에서는 시민을 대상으로 심야영화를 상영한다.

자본주의 사회에서 대부분의 나라는 이 부분이 상당히 큰 문제인 것 같다. 큐레이터는 이곳에 대한 자부심이 강했지만 동시에 부정적인 이면도 과감히 이야기해주었다.

"베를린, 라이프치히는 젊은 예술가들이 많이 모이는 도시가 되고 있어요. 학생이 많은 편이고 예술가들이 특히 많아졌어요. 앞으로는 예술가가 지금보다 더 도시에 긍정적 영향을 미칠 것이라고 생각해요. 그런데 젠트리피케이션이 제약이 되는 거죠."

"시에서는 예술가들에게 재정 지원을 해주나요?"

"아니요. 아예 없지는 않지만 매우 적다고 할 수 있어요. 보험료를 지원받는 정도죠. 슈퍼너라이는 가난한 예술가들이 들어오기는 사실상 힘들어요. 이미 예술가들 사이에서도 그런 인식이 보편화되었죠."

임대료가 비교적 저렴한 마을의 경우 예술가들이 모여들어 예술마을을 형성함으로써 재생력을 갖는 마을이 되곤 한다. 예술가와 시민이 만나는 접점이 늘어나 다양한 예술 프로젝트를 함께 진행하는 것이 수월해졌다.

문제는 그 이후다. 젠트리피케이션은 우선 임대료가 저렴한 도심에 갤러리나 공방, 소규모 카페 등의 공간이 생기면서 시작된다. 이후 이들 상점이 입소문을 타고 유명해지면서 유동인구가 늘어나고, 이에 따라 대규모 프랜차이즈도 입점하기 시작하면서 임대료가 치솟게 된다. 그 결과 치솟는 집값이나 임대료를 감당하지 못해 예술가들은 오히려 동네를 떠나게 되고, 창조 공간은 획일적인 대규모 상업지구로 바뀌게 된다.

예를 들어 2000년 이후 서울의 경우 종로구 서촌을 비롯해 홍익대 인근, 망원동, 상수동, 경리단길, 삼청동, 신사동 가로수길 등에서 그런 현상이 벌어지고 있다. 한결같던 마을과 그곳에 꾸준한 애정을 보낸, 마음만 부자였던 사람들은 끝으로 계속 내몰리는 모순이 벌어지고 있다.

국가가 마련해주지 못하는, 안전망의 최후 방어선인 마을 및 이웃 공동체가 계속 사라지는 것은 모두에게 불행한 일이다. 예술가가 예술가를, 사람이 사람을, 회사가 회사를 밀어내는 경쟁을 흔히 자본에 의한 순환구조라는 멋들어진 말로 포장하지만 이는 아무리 긍정적으로 보려고 해도 좋게 볼 수 없는 일이다.

젠트리피케이션을
최소화하기 위한
제약 장치

슈피너라이의 젠트리피케이션 현상을 우려해 시에서는 회사와 계약할 때 문화적인 제약 장치를 만들었다. 그것은 바로 예술가 커뮤니티의 요구사항을 토론을 통해 수렴해야 한다는 것과 예술가 간, 예술가와 주민 간의 관계를 지향하는 자유로운 문화 활동을 허용한다는 것이다. 젠트리피케이션을 막을 수는 없지만 적어도 최소화하기 위한 고민과 노력을 한 것이다.

슈피너라이가 지속가능하기 위해서는 투자 유치가 불가피하다는 것과 평행선상에서 예술가 커뮤니티의 목소리도 주요하게 다뤄진다. 회사와 예술가가 진정한 의미로 동반자가 되도록 하는 장치를 마련한 것이다. 예술가 커뮤니티가 회사의 방침에 무조건 따르는 식으로 종속되는 것이 아니라 회사나 시와 협상력을 확보할 수 있는 권한을 갖는다.

"예술가 커뮤니티의 권한이 발휘된 사례가 있나요?"

"예술가 중에도 돈을 잘 버는 예술가가 있고 그렇지 않은 예술가가 있습니다. 회사 입장에선 당연히 돈을 잘 버는 예술가의 전시기간을 더 늘린다거나 '굿즈'를 만들어 판매한다거나 하는 등 그들에게 힘을 많이 쏟게 마련입니다. 이런 양극화에 대해 예술가들 사이에서 논의를 진행한 적이 있습니다. 그리고 슈퍼너라이를 포기하는 예술가가 나오지 않도록 하기 위해 회사와 재협상을 했죠."

이렇듯 예술가들은 서로 경쟁하는 시스템을 거부하고, 예술가들이 자본의 논리로 소외받지 않도록 하기 위해 예술가들 사이의 논의 장치, 회사와 예술가 간 협의 절차 등을 마련했다.

예술가가 꼭 회사에 소속되어 종속적으로만 움직이는 것은 아니다. 회사의 관여 없이 프로젝트를 기획하여 진행하기도 한다. 이것은 예술가가 4개 회사 중 한 곳에 속해 수동적으로 움직이는 것이 아니라 독립적으로 프로그램을 만들 자유가 있다는 것을 말해준다. 예술가가 이런 기획 프로그램을 회사에 제안할 수 있는 통로가 있다. 다만 프로그램 진행을 위한 공간 사용료만 내면 된다.

이곳이 젠트리피케이션을 의식하면서, 또 예술가들의 양극화를 해소하기 위해 앞으로 어떤 처방전을 내올지 기대를 가득 안고서 다른 공간으로 이동했다.

예술가와 주민의
만남을 위한
공간과 콘텐츠

　도착한 곳은 시원하고 어두운 지하공간인 작은 영화관
이었다. 주로 다큐멘터리와 인디영화 등을 상영한다. 원래
이곳도 작업실이었지만 지금은 독립영화관으로 바뀌었다.
이 영화관의 특징은 손으로 필름을 돌리는 아날로그 영화만
상영한다는 것이다. 상영할 때마다 매진되며, 최대 80명이
볼 수 있는 규모다. 뿐만 아니라 자신이 원하는 자리를 평생
살 수 있는 전매 제도도 있다. 주민들은 보고 싶은 아날로그
영화를 추천할 수도 있다.
　이곳의 또 다른 특징은 세월의 흔적이 그대로 보이는
벽에 있었다. 공장 구조이다 보니 투박한 느낌의 시멘트가
그대로 노출되어 있었다. 새로 마감을 하지 않는 이유를 물
으니 흔적을 없애지 않기 위해서라고 한다. 과거 26,000대의
기계를 돌리기 위해 기둥이 별로 없던 공간에는 가벽을 설치
하여 상주 예술가들을 위한 작업공간을 확보했다. 지하의 작
은 영화관과 멀지 않은 곳에 예술가를 배려한 그러한 작업공

간이 많이 있었다.

게다가 이곳은 주민을 환영하는 뜻에서 일부러 문을 열어놓고 예술가들의 작업현장을 그대로 보여주고 있었다. 한 예술가가 환하게 웃으며 우리를 맞이해주었다. 눈길이 멈춘 곳은 그의 회화 작품 옆 흐트러진 물감과 팔레트, 붓이었다. 누가 보아도 작업을 하다가 우리가 지나는 소리를 듣고 나왔다는 것을 알 수 있었다. 추상회화 작품으로 보이는 캔버스는 초록색과 감색이 적절히 섞여 있었다.

"알로?"

"알로! 저는 곧 열릴 개인 전시 작품을 준비하고 있어요. 초록색을 많이 쓰고 있어요. 제 감성을 표현한 추상화입니다. 여름에는 아이들을 대상으로 그림과 조각 체험 프로그램을 마련할 예정입니다."

한 예술가의 셀프 설명을 듣고 나서 작업공간도 둘러볼 수 있었다. 앞에 나와 우리에게 설명을 해주는 예술가가 있는가 하면 자신의 작업에 몰두하는 예술가들도 있었다. 그러나 예술가와 주민들 사이에 어색한 공기가 흐르지는 않았고 만남이 일상인 것처럼 매우 자연스러웠다.

"여기서는 예술가와 주민이 만나는 게 흔한 일인가요?"

"예술가 중심의 공간이기 때문에 예술가들끼리의 모임

입주 작가는 자신의 공방을 찾은 관람객에게 친히 작품을
설명하고 작품이 만들어지는 과정을 보여준다.

보다는 많지 않지만 예술가 모임에서 주민과 예술가가 만나야 한다는 것이 늘 중요하게 환기되고 있다고 들었습니다."

우리나라에서는 예술가라고 하면 관계 맺기 어려운 사람, 예민한 사람, 경제적으로 힘든 사람 등 사회 부적응 이미지가 강하다. 슈피너라이의 예술가들은 어떨까? 사회에서 어떤 이미지를 갖는지 궁금했다.

"부정적이지 않습니다. 오히려 예술가를 존경하는 수식어가 더 많죠."

"주민과 자발적인 연결을 시도하는 예술가가 나오는 것도 그래서 가능한 걸까요?"

"우리는 예술가에게 가장 필요한 건 결국 작업공간과 좋은 갤러리라는 것을 잊지 않습니다. 슈피너라이는 그 두 축을 모두 만족시킨다는 점에서 특히 주목할 만합니다. 이런 자양분을 먹고 자란 예술가가 많아서 환원이 가능하다고 생각합니다. 예술가들이 국적에 상관없이 개인과 학교를 넘어서 이곳을 기반으로 프로그램을 고민하는 건 단순히 회사와의 계약조항이라는 범위를 넘어서는 일입니다. 문화 인프라 형성에 사회적 책임을 가지고 있는 예술가가 많다는 것을 보여주는 것이지요."

"어떤 커뮤니티 프로그램들이 있나요?"

"예술가들이 공동체에 대한 전문지식을 바탕으로 기획을 하는 것은 물론 아닙니다. 주민들이 행사에 참여함으로써 틀을 깨는 문화행사를 맛볼 수 있도록 하는 데 주안점이 있습니다. 예술가 정신을 공유한다는 자세로 접근하는 거죠. 예술가는 어떻게 관찰하는지, 어디서 영감을 얻는지 등 주로 창의와 자율을 강조하는 소통 프로그램으로 주민을 만납니다. 예술가마다 일정이 달라서 비정기적으로 열리기 때문에 관심이 있는 이용자는 수시로 홈페이지에서 정보를 얻어야 해요.

그리고 이곳의 꽃이라고도 할 수 있는 박람회가 있어요. 박람회는 이곳에 있는 예술가의 작품을 관람하고 구입도 할 수 있는 날이에요. 함께 음식도 먹고요. 여러 예술가와 대화하는 시간도 마련되어 있어요. 이 밖에도 어린이와의 만남은 슈퍼너라이의 프로그램 가운데 중요하게 다뤄지는 것이에요. 아이들의 예상치 못한 표현방식과 독특한 발상이 예술가에게도 영감을 주기 때문이에요."

이곳의 조직도를 보면 예술가는 행정과 관련된 일을 절대 하지 않는다. 홍보, 임대, 행사 등 행정과 운영은 모두 4개 회사가 담당한다. 예술가는 참여만 하는 형태다.

그리고 멤버십 제도가 있는데, 1년에 24유로만 내면 독

문화예술 공간답게 건물 곳곳에 예술작품들이 전시되어 있다

일예술가협회에 등록되어 협회에서 운영하는 많은 갤러리를 무료로 이용할 수 있다. 일반 시민도 신청할 수 있다.

특기할 만한 것으로, 주민을 위한 발레와 그림 관련 문화강좌가 있으며 정기적으로 예술가와 시민이 만나는 프로그램이 있다. 예술가들이 성인과 아이 모든 대상층에 맞춰 다양하게 교육을 해주고 있다. 뿐만 아니라 큰 행사 중에 박람회가 있다. 1년에 3번(1월, 5월, 9월) 정도 열리는 것으로 예술가와 시민이 만나는 축제다. 한 번 열릴 때 이틀 동안 진행되는데 보통 주말에 열린다. 발 디딜 틈이 없을 정도로 사람

도서관은 예술서적만 비치하는 전문도서관으로, 특히 시각예술
관련도서가 주를 이룬다.

이 많고 참가비는 무료다.

도서관 역시 주민에게 열린 공간이다. 예술 활동의 과정을 기록하는 자료집과 예술의 역사를 담고 있는 책들을 주로 소장하고 있다. 예술서적만 비치하는 전문도서관이자 자료보관소로서의 개념에 더욱 가깝다고 할 수 있다. 빌릴 수 있는 책과 그렇지 않은 책을 표시해놓았고, 수요일마다 무료로 개방을 한다. 퍼포먼스나 음악 분야는 거의 없고, 사진·조각·그림 등 시각예술 위주라는 특징을 지닌 슈퍼너라이에 어울리게 책도 그에 맞춰 구성되어 있다.

평등과 자유를 존중하는
예술가 커뮤니티의
명과 암

예술가 커뮤니티에는 명백한 명과 암이 있다. 안팎의 비판과 자본의 효용은 예술을 힘들게 하기도, 편하게 하기도 하였다. 오래되고 폐허가 된 부지에 예술가들이 모여 다양하고 실험적인 예술 활동으로 지역에 새로운 바람을 불어넣었다는 점은 잊어서는 안 될 것이다. 문화, 예술, 상업공간, 사무실, 비즈니스를 복합적으로 운영하는 거대한 슈피너라이가 무조건적인 상업화를 지양하는 장치를 마련하고, 무료행사를 열며, 주민과의 소통 통로를 유지하려는 자세를 보이는 것 또한 주목할 만한 점이다. 큐레이터이자 예술학도이기도 한 알리나는 슈피너라이에 대해 이렇게 말한다.

"예술가는 어떻게 하면 사회적으로 가치 있는 일을 할 수 있을지 끊임없이 고민하는 사람이기도 합니다. 슈피너라이는 두 평 남짓한 작업공간을 주변 이웃과 함께하면 좋겠다고 생각하는 예술가로 바꿔주는 마법 같은 공간이에요. 임대료가 높아 걱정이지만요."

예술이 사회에 끼치는 영향력을 생각한다면 이제 부정적인 부분에 대한 문제는 모두가 함께 풀어가야 할 숙제이겠다. 잠깐 머물다 가는 과객이라 할지라도 지역 주민과 공생하는 체계를 갖춘 곳을 무대로 삼는 예술가에겐 지역예술가, 마을예술가라는 한정된 수식보다 '공생예술가'라는 수식이 어떨까. 앞으로 더 많은 예술가들이 그들만의 방식으로 다른 사람과 호흡하는 사회적 책임을 다하는 모습을 기대해본다.

| 인터뷰 · 알리나 카레, 노라 회네(큐레이터) **| 통역** · 세미

"서로가 행복한 예술 활동을 연구하자."

프린스턴대학에서 연구를 위해 '감정과 시간'에 대한 설문조사를 한 적이 있다. 설문에서 응답자는 각각의 활동에서 느낀 행복함의 정도를 0점부터 6점까지 점수로 매겼다. 연구 결과에 따르면 건강관리(2.34) 〉금융서비스 이용(2.87) 〉재택근무(3.47) 〉자원봉사 활동(4.22) 〉요리(4.25) 〉씻기와 단장하기(4.31) 〉식사와 간식(4.47) 〉친구를 초대하거나 방문하기(4.71) 〉스포츠와 운동(5.09) 〉파티(5.24) 〉음악 및 그림 감상(5.33) 〉아이들과 놀기(5.41) 등의 척도를 보였다. 이 연구는 우리의 행복은 다른 사람에 의해 영향을 받는다는 것을 보여준다. 또한 그 유형을 보면 창의적인 예술 활동에서 행복감을 느끼는 경우가 많다는 것을 알 수 있다. 이 연구를 통해 무엇을 해야 행복한지 알았다면 서로가 행복한 예술 활동은 무엇일지 생각하고 연구해보자.

09

독일 뮌헨

_____

가 스 타 이 크

_____

"남녀노소 모두를 위한 사회교육으로
교육의 공공선을 생각하다"

옛 동독에서의 아쉬움을 뒤로 하고 독일의 남쪽 뮌헨으로 향했다. 뮌헨은 독일 사람들 사이에서도 딴 나라 같다는 얘기가 나도는 곳으로, 워낙 부유한 사람들이 많이 살고 세금도 높게 매기기로 유명한 도시다. 아니나 다를까. 무료로 주차할 공간이 많았던 동독의 다른 도시와는 달리 유료 주차공간

밖에 발견하지 못했다. 결국 비좁은 곳에 잠시 불법주차를 했다가 나중에 벌금 100유로를 내기도 했다. 녹지가 자주 눈에 띄던 옛 동독의 도시들과는 달리 남쪽에 있는 도시인 뮌헨은 건물들이 빼곡히 들어서 있고 역사가 느껴지는 건물과 더불어 현대적인 신축 건물들도 많이 보였다.

모든 분야를
학습할 수 있는
다양한 공간

　　뮌헨 중심부에는 이자르 강이 흐르는데, 강 동쪽에 붉은 벽돌로 된 커다란 건물이 하나 들어서 있다. 야트막한 언덕배기까지 길게 늘어서 있는데, 이 건물이 바로 가스타이크(Gasteig)다. 가스타이크는 '가파른(gach)'이라는 형용사와 '오르막(Steig)'이라는 명사가 합쳐진 말이다. 이곳은 오케스트라, 뮤지컬 등이 열리는 음악공연장과 뮌헨 시립도서관, 음악원, 시민대학 음악학교 본부, 평생교육기관 등이 어우러진 하나의 복합문화기관이다.

이자르 강 동쪽에 붉은 벽돌로 지어진 가스타이크는 한
장의 사진으로 다 담을 수 없을 만큼의 웅장함을 뽐냈다.
2차 세계대전으로 공연시설이 파괴된 후 문화와 예술 공
간을 원하는 시민들의 목소리가 반영되어 설립되었다.

뮌헨은 맥주 축제만큼이나 세계 오페라 축제가 열리는 음악의 도시로도 유명하다. 바이에른 국립오페라단, 뮌헨필하모닉, 뮌헨국립음악대학 등 세계 유명 음악 관련기관들이 모두 이곳에 있다. 그런데 2차 세계대전을 치르면서 공연장이 붕괴되어 예술인들의 무대가 없어지면서 공연장을 새로 건립해야 한다는 여론이 형성되었단다. 그렇게 시민의 목소리를 반영하여 건립한 것이 바로 지금의 가스타이크다.

현재 가스타이크는 명성답게 공연장, 평생교육기관, 시립도서관, 예술전문대학 및 음악원 등으로 구성돼 있다. 총 8만 평 부지에 대규모 공연장이 다섯 개 있다. 내부에 에스컬레이터가 있을 정도의 규모이니 백화점식 공간을 상상하면 딱이다. 이 밖에 연습실, 사무실 등 150여 개의 공간을 갖추고 있으며, 하루 6,000여 명이 다녀간다고 한다.

가스타이크 1층에서는 평생교육 프로그램이 진행된다. 교육 프로그램 구성은 문해교육과 같이 사회적 약자를 배려하는 것에서부터 성별, 세대별 등 남녀노소의 다양한 층위를 겨냥한 프로그램들로 구성되어 있다.

예술 프로그램을 예매하는 매표소와 시립도서관도 있다. 뮌헨의 시립도서관은 여러 군데에 흩어져 있는데 그중 본관이 가스타이크에 있다. 특히 이곳에는 건물의 특수성을 반영하여 음악 관련도서가 많다. 뮌헨 시민이면 누구나 연간 18유로로 시립도서관을 이용하고 음악대학에서 원하는 수업 수강등록을 할 수 있다. 특히 음악대학은 최정상의 전문가들이 지도에 나서고 있고, 음악을 이해하기 위한 철학, 문학, 미학, 사회학 등의 강의도 이루어지고 있다. 악기에 따라 추가 비용이 발생하기도 한다. 높은 세금은 모두를 위한 교육으로 이어지고 있다는 것을 알 수 있었다.

누구나, 언제든, 어디에서든.
비싼 세금은 그만큼
사회교육으로 환원

우리가 방문한 날에는 한 교실에서 독일어 수업이 있었는데, 한국 여학생이 앉아 있었다. 수강 대상을 지역민만으로 제한하지 않으며 외국인이어도 상관없다. 평생교육원에서는 연간 320개의 교육 프로그램이 운영된다. 언어 분야만 해도 50여 가지의 언어를 교육한다. 일 년 동안 이곳에서 독일어를 배우는 외국인이 매우 많다. 또한 문화경영, 전통음

각종 공연과 프로그램 등을 소개하는 정보지는 가스타이크의 왕성한 활동을 짐작케 한다.

악, 음악저널리스트, 음악평론 등 문화예술 관련 교육을 비롯해 사회와 정치, 건강과 영양, 직업, 경영, 컴퓨터 등 분야가 매우 다양하다.

"이런 곳에 내 세금이 쓰이는 거라면 전혀 아깝지 않을 것 같아. 나의 세금이 사회에 환원이 잘되고 있다는 것을 직접 눈으로 보는 경험은 정말 중요한 것 같아. 뮌헨은 문화, 예술, 교육 등의 안전망을 중요하게 여기는 도시네."

"나 같아도, 세금 많이 내더라도 이런 곳에서 아이를 키우고 싶긴 하겠다."

우리는 유독 물가가 비싼 뮌헨에 전 세계 사람들이 모

이는 까닭에 대해 이야기를 나누면서 공간 곳곳을 자세히 둘러본 뒤 도서관으로 향했다.

도서관에 들어서니 최신 트렌드이기도 한, 라이프 스타일을 반영한 분류판이 보였다. 라이프 스타일 방식의 분류에 대해선 견해가 엇갈린다. 제한적이고 시대에 따라 유동적이기 때문에 유행에 민감한 서점에는 알맞지만 도서관에는 적합하지 않다고 보는 의견이 팽배하다. 그러나 이곳은 라이프 스타일로 일상의 낭만을 이야기하고 음악을 이야기하고 비디오 게임을 유도하면서 그 중심에 물음표 모양의 개방형 의자를 공간 한가운데에 배치하여 백화점식 소비 행동에 철학을 더한다. 이런 균형 있는 관점의 제시가 참 멋진 도서관이다.

교육과 문화, 예술이 분리되지 않고 하나로 어우러져 공존하는 가스타이크에서 또 하나 주목해야 할 것이 있다. 어학강좌의 경우 원래도 저렴하지만 난민 보호 대상으로 등록된 외국인들에겐 특별히 저렴하게 제공된다. 또한 아직 경제적인 능력을 갖추지 못한 학생들에게는 공연이나 강좌, 악기 대여 및 레슨, 도서관 이용 등 서비스 전반에 걸쳐 다양한 혜택이 있다. 장애인 역시 이용에 불편함이 없도록 철저하게 고려하여 공간을 설계했다.

가스타이크에 본부를 두고 있는 시립도서관, 시민대

1 도서관의 필수요소인 도서검색대. 다른 곳과는 달리 키가 작은 어린이를 위한 발판이 있다. 작은 배려와 세심함으로 행정에 따스함을 더했다.

2 헤드폰이 설치된 반원형의 편안한 소파에서 이용자는 자신만의 오케스트라를 체험한다.

학, 음악학교 등은 가스타이크에만 있는 것이 아니다. 이곳의 높은 질과 가치를 그대로 공유하여 뮌헨 각 지역에 분관 형태로 24곳과 분교 5곳이 있다. 이는 일반 시민들의 편의를 위한 것이기도 하지만, 또 한편으로는 먼 거리 이동이 불편한 노약자나 장애인을 고려한 것이기도 하다. 멀리 시내까지 나오지 않더라도, 즉 자기 동네에서도 어느 정도까지는 원하는 교양교육 서비스를 받을 수 있도록 한 것이다. 철저히 지역민을 고려하여 교육과 문화예술이 분리되지 않고 공존하

폐원목을 재활용하여 만든 물음표 모양의 벤치는 도서관의 목적에 대해 말해주는 듯하다.

는 콘텐츠를 제공하고 있다.

　다양한 사람들의 다양한 요구를 모두 만족시키는 노력은 자본주의 사회에선 돈과 연결될 수밖에 없다. 값싸고 질좋은 고기란 세상에 존재하지 않는 것처럼. 그러나 자본을 많이 들인다고 해서 모든 사회교육기관이 가스타이크와 같은 명성을 얻지는 못한다. 왜냐하면 모두를 만족시킬 수 있는 것이 무엇일까에 대한 고민의 답을 찾아가는 과정은 철저히 시민의식에 달려 있기 때문이다. 단지 입시나 취업 준비를 위해 존재하는 것이 아닌, 우리의 삶에 매우 중요한 인문학 활동에 방점을 두어 모두가 함께 누린다는 가스타이크의 가치는 쉽게 만들어진 것이 아니다. 세계의 조명을 받을 정도로 명성이 높은 커리큘럼은 자본과 끊임없는 관심과 공동체를 위한 긍정적인 시선을 보낸 뮌헨의 시민들이 만들어낸 것이다.

"지역민을 위한 것이 결국 세계를 위한 것일 수 있다."

한국의 관광 콘텐츠는 다른 나라가 좋아할 모습을 그리며 출발하는 경우가 많다. 외국인의 기호를 파악하는 일엔 정성을 다하지만 정작 지역민의 요구조사 과정이 생략되거나 간소화되는 경우가 많아 현지인의 관심과 사랑을 받지 못하는 경우가 종종 생긴다.

뮌헨의 가스타이크는 철저히 지역민에 기반을 둔 기관이다. 교육열이 높은 시민들의 욕구와 교육을 통한 공공성 실현이 잘 맞아떨어진 것이다. 외국 영화에서 종종 볼 수 있는 지역민 대상 연주회, 학예회 등이 뮌헨 가스타이크에선 흔한 풍경이었다. 이곳의 음악학교 역시 지역민을 대상으로 무료 연주회를 열어 본격적으로 데뷔하기 전에 실력을 선보일 수 있는 무대를 마련해준다. 이에 시민들은 음악가의 연주를 가장 먼저 볼 수 있는 기회를 감사히 여겨 감상평을 아끼지 않고 표현한다. 예술가와 주민 간 수렴 과정이 형성되는 것이다. 결국 이것은 세계의 시민들이 궁금해하는 문화 콘텐츠가 되어 세계 여러 곳에서 탐방을 올 정도로 명성을 쌓게 되었다.

10

스페인 바르셀로나

나 바 스
시 민 센 터

> ❝모든 시민은 옳다는 가치관을 바탕으로
> 시민과의 소통을 꾀하는 시민센터❞

스페인 카탈루냐 주에 있는 바르셀로나. 이곳은 스페인에서 두 번째로 큰 항구도시로, 지중해에 인접해 있다. 화가 파블로 피카소, 호안 미로와 건축가 안토니오 가우디 등 많은 예술가를 배출한 도시로 유명하다. 이로 인해 관광업이 주 수익이라고 알려져 있으나, 실제로는 도시 수익 대부분이

3차 산업이라고 한다. 현재는 스페인으로부터 독립하기 위해 정부와 대치하고 있다. 카탈루냐는 독립하고자 하는 강한 지역성이 있는 곳이다. 언어도 스페인어와는 다른 카탈루냐어를 사용한다.

아나키스트의
무단점거 운동에
뿌리를 둔 공공공간

카탈루냐는 정치·역사적으로도 전 세계에서 아나키스트가 주도한 혁명 중 그 파급력이 가장 컸던 지역이다. 물론 민족주의자도 많은 곳이지만 아나키스트 또한 만만치 않은 세력을 형성한 곳이다.

바르셀로나의 시민센터를 제대로 알기 위해서는 먼저 카탈루냐의 아나키스트에 대한 이해가 필요하다. 우리에게 익숙한 조지오웰, 어니스트 헤밍웨이, 앙드레 말로, 파블로 피카소 등 많은 예술가가 참전했던 스페인 내전에서 아나키스트는 큰 역할을 하였다. 그중 대표 아나키스트인 조지오웰은《카탈루냐 찬가》를 썼는데, 고딕지구에는 이를 기념하는 '조지오웰 광장'이 있다. 카탈루냐의 아나키스트는 빈집이나 임대사업을 위한 부동산을 무단점거(스쾃, squatting)하여 커 뮤니티센터나 자치회관 등으로 바꿔 놓은 주역이다. 그 과정 에서 아나키스트들을 퇴거시키려고 파견된 경찰과 서로 충 돌하는 건 종종 있는 일이었다. 아나키스트들이 무단점거했 던 건물들은 훗날 시민을 위한 공공공간으로 용도가 바뀌었 다. 바르셀로나 곳곳에 있는 시민센터 가운데 일부는 아나키

카탈루냐의 시민센터는 아나키스트의 무단점거와 관련이 깊다. 결과적으로 공공공간 부지의 확보로 이어진 무단점거 활동의 정신은 나바스 시민센터가 지닌 공유의 가치와 연결되었다고 볼 수 있다. 센터 1층은 공유 갤러리, 2층 은 커뮤니티 프로그램 공간이며, 그 위층은 시민이 거주하는 주거공간이다.

스트의 이러한 노력이 맺은 결실로 인식되고 있다.

우리는 먼저 나바스 시민센터(Navas Civic Center)를 방문했다. 처음 들어섰을 때에는 갤러리처럼 보였다. 1층이 전시공간으로 되어 있기 때문이다. 2층에는 강당과 강의실, 컴퓨터실이 있다. 이곳은 커뮤니티 프로그램이 중심이라고 하는데, 주제는 정말 다양하다. 예술을 비롯해 지리, 역사, 음악, 자기계발, 건강, 감정표현, 댄스, 사진, 수공예, 조각, 컴퓨터, 요리, 유아, 가족 등을 다룬다고 한다.

이곳은 우리나라로 치면 평생학습관이나 공공문화센터와 비슷하다고 볼 수 있겠지만 우리나라의 소비지향 분위기와는 거리가 멀었다. 그 정신이나 내용 면에서 차이가 있다는 것을 인터뷰를 통해 알 수 있었다.

"대표적인 커뮤니티 프로그램은 '우리는 동네다' 라는 것이에요. 바르셀로나 전체에 대한 이해를 시작으로 나바스로 좁혀가면서 도시에서 벌어지는 공동체 문제를 토론하는 겁니다. 이 프로그램은 이웃과 인사를 나누기 위한 매개 프로그램으로도 알려져서 매번 새로운 구성원이 추가되는 등 열린 자리로서 운영됩니다. 나바스 지역민을 위한 것이기도 하지만 프로그램 내용이 좋다 보니 바르셀로나 전역에서 사람들이 찾아오고 있어요."

1층은 시민에 의해 채워지는 공유 갤러리로, 시민이 직접 기획할 수 있는 통로가
마련되어 있다.

주민이 원하는 대로
기획할 수 있는
열린 플랫폼

프로그램 기획은 대부분 소속된 문화기획자가 하지만 프로그램 공모전이라는, 시민이 직접 기획할 수 있는 통로도 마련되어 있다. 개인 또는 단체로 공모에 참여할 수 있으며, 심사를 거쳐 1등으로 뽑힌 교육 프로그램을 실제로 시민센터에서 진행하는 열린 플랫폼 방식이다.

"심사 기준은 무엇인가요?"

"나바스 지역과 잘 부합하는 프로그램인지를 가장 우선으로 삼고 있어요. 이곳은 나바스 주민과 가까이 하는 것을 사명으로 하고 있기 때문에 지역에 잘 녹아드는 것이 심사의 중요한 기준입니다."

프로그램은 대부분 무료이지만 콘서트는 아티스트에 따라 입장료가 조정된다. 주로 전시공간으로 활용되는 1층역시 시민들에게 개방하는 공유공간이다. 프로든 아마추어든 상관없이 신청할 수 있다. 센터 직원은 카테고리와 기간만 정해주는 정도로 최소한의 역할만 한다. 갤러리와 같은 느낌을 주는 1층 공간이 꽤 흥미로웠다.

"1층은 전체적으로 그런 콘셉트예요. 책이나 옷을 기증하는 공유책장과 공유옷장도 있습니다. 이러한 공유 가치를 기반으로 한 이벤트 프로그램도 기획하지요."

공유책장은 이곳에서 쓰이는 말 그대로 해석하자면 '자유서점' 또는 '연대서점'으로 불린다. 책을 가져가는 대신 자신이 기부하고 싶은 만큼 기부하는 자율운영제다. 인터뷰를 진행하는 동안에도 지나가는 시민들이 방앗간 들리듯 새로운 책이 있는지 둘러보고 가는 모습을 볼 수 있었다.

공유옷장은 시립 주관으로 옷이 모이면 시청의 담당부서가 수거해서 필요한 이웃에게 나누어준다. 특별히 크리스마스에는 음식과 장난감을 공유하는 연대활동 이벤트도 정기적으로 진행하고 있다. 공간을 시민에게 내어주는 데 있어 제약조건은 종교 사안을 제외하곤 한계가 없다.

나바스 시민센터에서 요즘의 큰 화두는 지역민을 위한 요구조사 진행이라고 한다. 나바스에 사는 층이 주로 주부와 아이였는데 점점 세대층이 넓어져 다양한 오픈형 교육을 요구하고 있기 때문에 흐름에 맞춰 면밀한 요구조사를 준비하고 있다. 예상해보면, 2년 전까지만 해도 성인에만 맞춰졌던 교육이 전 연령대로 바뀌는 것이다. 아래로부터의 요구를 수

럼하여 교육과정에 변화를 꾀하는 나바스 시민센터가 보여 줄 앞으로의 모습이 더욱 기대되었다.

프로그램에 참여하는 수는 보통 한 강좌당 평균 18명 정도이고 많게는 130명 이상 되는 대규모 프로그램도 있다. 주말에는 원래 강좌가 없었으나 시민들의 요구에 따라 인기가 좋은 강좌는 주말에 다시 열기도 한다. 주말엔 주로 공동체 요리수업과 줌바 댄스 수업을 진행한다. 요리수업에서 만든 음식은 인근 주민들과 파티를 열어 함께 나눠 먹는다고 한다. 1년 3학기제로 프로그램에 변화가 있다.

나바스 센터는 요리 프로그램이 특화되어 있다. 함께 요리를 하고 그 요리를 센터 주변 시민들과 함께 나누어 먹으며 나눔을 실천한다.

2부 _ 일상의 휴식처, 커뮤니티센터

'모든 시민은 옳다'라는
가치가 있는 곳

나바스 시민센터는 인력 구성도 독특해서 직원이 총 7명인데 그중 3명이 안내데스크 담당이다.

"정보 안내데스크는 시민과 소통하는 곳이기 때문에 우리 센터에서는 매우 중요하게 생각합니다. 그래서 인력 배치 비중이 다른 부서에 비해 훨씬 높은 편이죠. 바르셀로나에 있는 시민센터의 인력 편성은 대부분 이런 구조예요. 시민이 자유롭게 운영하는 개방형이 많다 보니 안내데스크에 문의가 많은 편이기 때문이죠. 뿐만 아니라 나바스 이외의 지역에서도 찾아오는 시민들이 많은 편이어서 한 명으로는 부족합니다."

"안내데스크가 시민과 소통하는 곳이라고 했는데, 주민의 의견을 수렴하는 체계가 별도로 있나요?"

"소통이 의견수렴을 위한 것만은 아니라고 생각해요. 우리가 생각하는 소통은 우리 기관의 가치관을 시민들이 잘 이해하고 받아들이는지 파악하는 것이라고 생각합니다. '여기 방문하는 사람들은 모두 옳다'라는 가치가 안내데스크를 통해서 시민들에게 전달되어야 한다고 직원 모두가 생각해요. 이 모토는 직원 전체에게 공유되고 있습니다. 그래서 모든 시민에게 열린 자세를 취하려고 노력합니다. 사전에 교육을 받아요. 이 가치의 의미에 대해서요."

"어떤 특별한 교육을 받나요?"

"전문 문화기획자가 있지만 직원 간 회의에선 모두가 아이디어를 낼 수 있어요. 특히 안내를 담당하는 직원들은 시민들과 편하게 대화하는 방법이라든가, 시민센터가 시민들의 유휴공간이자 공유공간으로 자리매김할 수 있도록 시민들의 참여를 유도하는 방법 등에 대해 교육을 받습니다. 이와 관련한 워크숍 교육도 있고, 따로 철학 교육도 받고 있습니다."

유럽에 가기 바로 전에 다녔던 직장에서 난생처음 고객만족(CS) 교육을 받은 적이 있다. 손은 계란을 쥔 것처럼 동그랗게 말고, 미소는 어떻게, 허리 각도는 어떻게 하며, 자신의 인상을 결정짓는 것이 옷과 머리 스타일이니 외모를 잘 가꿀 줄 알아야 한다는 것 등이 주된 내용이었다. 강사는 한눈에 봐도 매우 불편한 딱 달라붙는 H라인 스커트에 진한 화장을 자랑하며 미소 짓는 법까지 알려주었다. 교육을 받으면서 왜 내가 나의 편한 자세까지 강요받아야 하는지 속으로 계속 불만을 가지다 도중에 그냥 나와 버린 경험이 있다. 형식에만 치우쳐 있는 고객만족 교육을 받고 실망이 컸던 기억이 오버랩되었다.

정작 우리가 지녀야 할 사명과 가치관에 대한 토론과 교육은 이렇게 하루 종일 미소 교육을 받는 것처럼 치열하게 이루어졌던가 반문해본다. 마음은 마음에서 전해지는 법이

———— 나바스 센터 직원의 단체사진. 발랄한 모습에서 권위적이지 않고 열린 분위기를 느낄 수 있다.

다. 시민을 대하는 직원의 이러한 태도는 결과적으로 시민에게 영향을 준다. 함께 요리를 하고 삶에 대해 이야기 나누는 이웃 간의 커뮤니티가 다른 지역보다 나바스에 많은 건 분명 그런 모토를 실천하기 위한 노력이 있기 때문이라는 생각이 들었다.

| 인터뷰 · 파울라(직원) | **통역** · 송지연

"조지오웰의 《카탈루냐 찬가》"

이 책은 스페인 내전 당시 조지오웰이 직접 참전하여 겪은 것을 생생하게 묘사하고 있다. 권력 투쟁에 대한 환멸을 사실감 있게 그려내고 있다는 평을 받고 있는 작품이다.

> "나는 바르셀로나의 주요 거리 중 하나인 람블라스(Ramblas) 거리가 일종의 구획 기능을 한다는 사실을 알게 되었다. 람블라스 거리를 두고 노동자 계급이 모여 사는 오른편에는 무정부주의자(아나키스트)들의 공간이 자리 잡고 있으며, 왼편은 골목 구석구석에서 혼란스런 싸움이 벌어지긴 했지만 카탈루냐 공산당과 시민군이 주도권을 잡고 있다고 말해도 되는 구역이었다."
>
> – 《카탈루냐 찬가》 중에서

"나눔의 진정한 의미에 대해 알기"

한 사기업에서 헌옷 수거함을 설치하여 헌옷을 되팔아 이윤을 내고 있다는 기사가 화제가 된 적이 있다. 헌옷 수거함을 지자체가 운영하는 것이라고 알고 있던 사람들이 많았기에 해당 기사는 적잖이 이슈가 되었다. 이를 계기로 지자체에서 실천하는 나눔의 모습이 재조명되기도 했다. 《살아있는 것도 나눔이다》(전성실 지음)의 저자가 말하는 것처럼 나눔의 진정한 의미는 사람과 사람의 관계 맺기에 있다. 관계 맺기가 없으면 그저 증여일 뿐 나눔이 아니라는 것을 알자. 우리는 인터뷰를 하는 동안 나바스의 공유 책방과 공유옷장 공간에 존재하는 관계 맺기를 목격했다. 자신의 책과 옷을 나누는 사람들은 책에 작은 메모를 남기기도 하고, 옷에 대한 사연이나 입는 방법 혹은 세탁법 등을 메모하여 남기기도 했다. 그리고 받는 사람들은 고맙다는 메모를 남기기도 하고 직원에게 전해달라고 하기도 한다. 나바스 센터의 나눔처럼 그 진정한 의미를 생각하자.

11

스페인 바르셀로나

파 티 이 모 나
시 민 센 터

> ❝관광지의 또 다른 삶, 현지의 지역 주민과
> 함께 만들어가는 프로그램❞

파티이모나 시민센터는 앞서 방문한 나바스 시민센터보다
좀 더 규모가 큰 곳으로, 바르셀로나 관광지구 한가운데에
자리 잡고 있다. 연회장과 교육실을 비롯해 회의실과 멀티미
디어실, 요리실, 체육관, 탈의실 등의 공간으로 구성되어 있
다. 특이할 만한 점은 사진 전시 공간이 다른 어느 공간보다

크다는 것이다. 규모 있는 현상실까지 갖춘 곳인 만큼 전시까지 이어지는 것을 전제로 하는 사진강좌가 센터의 핵심 프로그램이다. 사진 분야뿐만 아니라 요리, 수공예, 요가, 아프리카 커뮤니티 댄스 등의 프로그램도 운영되었다.

우리가 방문한 때는 점심시간으로 센터 문이 닫혀 있었다. 점심시간이 두 시간이었는데, 왜 이렇게 긴가 했더니 낮잠시간이 포함된 시간이었다. 바르셀로나 역시 노동시간을 철저히 지키는 도시였고, 워낙 날씨가 더워 한낮에는 '시에스타'라는 낮잠시간을 두는 것이 보편적이었다. 기다리는 동안 주변의 피카소 박물관과 버스킹 공연을 관람하고 해변을 거닐었다. 공공기관이 오후에 문을 닫는 모습이 다소 낯설었지만 통역자 지연 씨와 요즘의 화두인 난민과 카탈루냐의 독립에 대해 이야기를 주고받으니 금세 시간이 흘렀다.

우리는 공간을 둘러보고 난 뒤 직원에게 인터뷰 요청을 하였다. 다소 당황한 듯 보였지만 이내 한 시간 넘게 이야기를 나누었다.

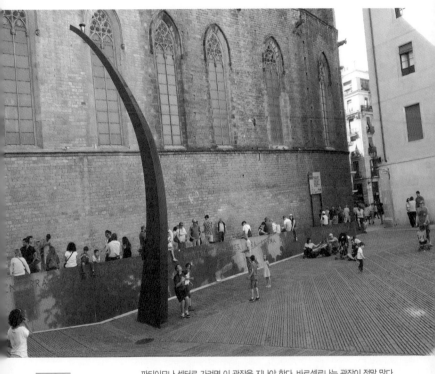

파티이모나 센터로 가려면 이 광장을 지나야 한다. 바르셀로나는 광장이 정말 많다.
벤치에 앉아 이야기를 하는 사람들, 축구를 하는 사람들을 볼 수 있었다.

지역의 현실과
주민들의 성향을
반영하여 운영

앞서 방문한 나바스 시민센터는 지자체가 직속으로 운영하는 곳이었다. 먼저 이곳은 어떻게 운영되는지 물었다.

"저희도 나바스 센터처럼 성격은 공공기관이에요. 그러나 운영은 위탁을 준 구조예요. '트란싯'이라는 회사가 4년 동안 위탁 운영하고 있습니다. 바르셀로나에 있는 시민센터 4개를 모두 트란싯 회사가 위탁 운영하고 있어요. 트란싯 회사는 문화 관련 영리기업이긴 하지만 여기서는 공공성에 맞춰 비영리로 운영하고 있습니다. 시청 직원과 트란싯 회사 직원이 고루 구성되어 있고요. 급여에 관한 노동계약은 트란싯과 되어 있으나 사실상 시청이 총괄하고 있습니다. 위탁 기업이 센터의 가치, 사명, 미션 등을 모두 정하고 시청에 보고를 하는 형태이나 시청의 간섭은 거의 없다고 봐도 무방합니다."

"트란싯 회사가 위탁 운영하는 다른 세 곳과 여기가 특별히 다른 점이 있나요?"

"한 회사가 모두 운영하지만 각 센터의 미션이나 프로그램은 중복되지 않고 각기 다른 목적과 목표를 가지고 있어요. 예를 들어 여기 같은 경우는 사진 프로그램이 특화되어 있어요. 다른 센터들은 수공예나 그림 등 각기 주력하는 분야가 다르지요. 이렇게 다른 이유는 센터가 있는 동네의 특성이 모두 다르기 때문입니다. 동네를 고려하여 프로그램을 짜는 것은 기본입니다. 그 지역에 사는 주민들의 성향에 맞춰 프로그램이 기획되어야 센터의 고유성을 잃지 않고 지역 내에서도 큰 작용을 합니다."

직원은 총 13명이다. 대표 1명, 안내데스크 4명, 프로그램 기획 3명, 그리고 4명이 영유아 교육을 담당한다. 영유아 교육 담당 직원이 많은 이유는 이곳에서는 영유아 10명당 직원이 1명이어야 한다는 엄격한 기준이 있기 때문이다.

대부분의 시민센터는 기본적으로 지역의 현실과 특색, 역사성 등을 반영하여 프로그램 개발에 집중한다. 좀 더 크게 나눠보면 스페인의 경우 주마다 센터 성격이 매우 다르다. 바르셀로나의 북쪽인 바스크 지방은 교육과 문화 부분에 투자를 많이 하고, 중부는 문화 부분에만 투자를 많이 하며, 바르셀로나보다 남쪽에 있는 지역은 교육과 문화 둘 다 예산 지출이 낮은 편이다.

예산이 같다고 할지라도 프로그램별로 사용되는 예산이 다르다. 바르셀로나만 놓고 그 특성에 따라 나눠보더라도, 관광지구에서는 지역 주민들의 감성에 맞춘 프로그램을 진행하고, 문화 소외지역은 복합문화교육에 대한 프로그램이 많다고 한다.

파티이모나 센터가 있는 지역은 가난한 아이들이 많은 구시가지다. 그래서 관광지구이지만 가난한 사람들이 많다는 점에 초점을 맞추었다. 그런 아이들에 맞춘 프로그램이 바로 사진강좌였다.

시범운영을 통해
중점 프로그램이
탄생

왜 소통의 도구가 '사진'이 되었을까?

"우리 센터에는 문화 프로그램을 정식으로 진행하기 이전에 시범으로 프로그램을 진행해보는 과정이 있습니다. 평가가 긍정적이면 상설로 운영하는 거죠. 이 지역의 문제점을 분석해보니 관광객이 너무 많아서 지역 주민 대부분이 소음과 사생활 노출로 예민해져 있었고, 가난한 사람들이 많다는 특징이 있었습니다. 그래서 이를 위한 다양한 프로그램을 진행해보았는데 사진 프로그램이 특히 성공적이었어요."

"어떤 내용이었나요?"

"사진 찍는 방법에 대해 간단히 설명해주고 찍고 싶은 것을 찍어보라고 했어요. 정말 많은 이야기가 나왔죠. 그렇게 한 단계 한 단계 밟으면서 전문가 수준으로 실력이 향상된 주민들도 있고요. 현상실이 생겨서 프로그램이 한층 더 진화되었습니다. 전시공간도 새롭게 리모델링했고요."

"애초에 계획을 세우고 주민들을 불러 모은 방식이 아니었네요? 특별히 기억에 남는 일이 있나요?"

"네. 저희는 앞서 말했듯 시범운영을 해보는 과정이 있어요. 주민의 이야기를 들어야 프로그램 운영을 지속적으로 할 수 있습니다. 각 골목의 상점과 연계하여 사진전을 했던 것이 기억에 남아요. 상점마다 사진을 하나씩 붙여주는 거였어요. 이 지역은 여행객이 너무 많아서 현지인이 다니기가 너무 힘들어요. 상인도 사실 마찬가지예요. 관광객을 통해 돈을 벌지만 동시에 이 동네 사람이기도 한 거죠. '현지인의 고충'이라는 주제로 사진을 찍었습니다. 지역에 대한 문제의식을 사진으로 표현하는 프로그램을 기획한 거죠."

"사진 프로그램에는 어떤 것이 있나요?"

"앞서 말한 것처럼 하나의 주제를 가지고 동네 곳곳의 사진을 찍으며 스토리텔링하는 프로그램이 있습니다. 주제는 정말 다양해요. 역사, 지역, 사람, 동물, 자연 등. 사진 기술과 관련한 프로그램도 많을 수밖에 없습니다. 직접 현상을 하고 전시 준비까지 참여자들과 함께 해야 하기 때문에 기술에 대한 지식이 필요하니까요. 사진 프로그램 말고 다른 프로그램도 있지만 그만큼 주제가 다양하게 세분화되어 있지는 않습니다."

우리나라에서는 시민센터라고 하면 프로그램이 다양할 것이라는 인식이 있다. 여기는 어떠할까?

"글쎄요. 어느 지역의 경우는 그럴 수도 있겠습니다. 아마도 그런 경우 보통 이용하는 연령대가 매우 다양해서가 아

센터 복도 곳곳에 교육 프로그램으로
완성된 작품들이 전시되어 있다.

바르셀로나의 역사가 담긴 옛 사진들. 혹시 조지 오웰을 찾을 수 있을까 해서 자세히 봤지만 그의 얼굴을 모른다는 것을 뒤늦게 깨달았다.

닐까요? 다양한 세대에 맞춰 프로그램을 운영해야 하는 지역이라면 유아를 위한 프로그램에서부터 청소년, 성인, 장년층을 위한 것 등 매우 많을 수밖에 없겠지요.

그러나 파티이모나 센터는 그렇게 여러 세대가 방문하진 못해요. 대부분 생업에 종사하니까요. 시범운영 과정을 통해 우리가 내린 결론은 바쁜 생활 속에서도 놓치지 말아야할 대안적인 가치를 알리는 것이었습니다. 그 매개가 사진이고요. 인생에서 놓치는 것은 없는지 되돌아볼 수 있도록 해줘야 합니다. 제도교육과는 매우 다른 결이죠. 사진에 집중하고 이 하나의 프로그램에서조차 소외되는 사람들을 위한프로그램을 추가하는 정도입니다. 지역적으로 봐도 이곳에서 프로그램을 많이 나열하는 것은 큰 의미가 없다고 생각합니다."

이곳에 프로그램이 적은 것은 어찌 보면 시범운영을 하고 그로부터 프로그램을 도입하기 때문이기도 하다. 주민의의견을 수렴하고 시범운영을 해보고 또 의견을 수렴하는 등여러 번의 수정과정을 거친 끝에 프로그램이 정식으로 탄생한다. 느릴 수밖에 없고 이른바 대량생산이 불가능한 구조다. 그러나 이곳은 주민의 이야기를 들으며 참여자의 관심사를 중시하고, 함께 사는 삶이 무엇인지 학습하는 것을 목표로 하기 때문에 체험을 통한 교육을 원칙으로 한다.

무엇보다 지역사회를 최대한 활용하여 살아있는 교육을 실시하기 때문에 지역 주민의 이야기를 사전에 듣는 것을 매우 중요한 과정으로 여긴다. 그래서 지역 주민들이 교육 활동의 주체로 나설 수 있게 되었고, 이곳에 대한 소속감을 강하게 느끼게 되었으며, 이웃 간이나 교사, 기획자, 직원과의 관계에서도 친밀감이 높아졌다. 사전 피드백 과정은 달팽이처럼 느리지만 지역빈의 관심을 불러일으키고 만족도를 높이는 중요한 방법이다.

우리나라에서 주민센터나 평생교육기관은 대안교육을 하는 곳이 아니라 주부나 노년층이 교양수업을 듣는 곳이라는 이미지를 갖고 있기도 하다. 그 이미지가 어디에서 오는 건지 생각해보면 백화점식 프로그램 때문이라는 생각을 지울 수가 없다. 전국 어디를 보아도 대부분 기관의 커리큘럼은 비슷한 경우가 많다. 심지어 심한 지역은 한 동네의 문화센터나 도서관, 평생교육기관, 주민센터 등에서 모두 비슷한 프로그램을 개설하고 있다. 유행에 민감하다는 것은 한편으론 기관의 목적이나 방향이 지역이 아닌 성과에 맞춰져 있음을 보여준다. 프로그램을 기획할 때 서로 이런 부분을 경계하도록 해야 한다.

주민의 요구나
갈등 해결엔
토론이 우선

하지만 이렇게 하나의 기획에만 힘을 싣는다면 지역 주민들이 다른 프로그램을 개설해달라는 요청도 많이 했을 터인데 그러한 문제는 어떻게 해결했는지 궁금했다.

"많지는 않지만 있긴 했죠. 그러나 사진 프로그램을 부정하기 위한 요청이 아니잖아요. 그래서 사진 프로그램을 통해 해소할 수 있는 방법을 고안하죠. 실제로 해결되는 부분이 많이 있어요. 만약 그것으로도 안 되면 인근에 해당 교육을 하고 있는 센터가 있는지 찾아봅니다. 그렇게 해서도 해결이 안 되면 내부회의를 하죠. 이 민원을 받아들일지 말지."

"자발적인 동아리는 있나요?"

"네. 사진 프로그램 관련하여 동아리가 있어요. 그러나 철저히 자발성에 맞춰져 있습니다. 직원이 개입하지 않아요. 그래서 다른 기관에 비해 동아리가 많은 편은 아니지만 지속성이 상당히 높고 지역에서 참여활동을 하는 등 결속력이 높습니다. 그 밖에도 축제 기획에 참여하는 자원활동가와 악기

와 마이크를 빌려주는 악기도서관에서 활동하는 자원활동가
가 많습니다. 자원활동가 커뮤니티도 있지요."

"자원활동가 커뮤니티에도 개입하지 않나요?"

"네. 주민들의 커뮤니티는 철저하게 자발적으로 운영
됩니다."

축제의 경우 이웃이 함께 만들어가는 축제로 기획하려

사진전이 열리는 전시실. 분기마다 사진 동아리의 전시가 열린다. 전시공간
사용부터 배치까지 동아리가 자발적으로 준비하고 진행한다.

고 노력한다. 센터는 최소한의 도움만 주고 주민들과 반반씩 역할과 업무를 나누어 진행한다. 해마다 진행하기 때문에 매년 자원활동가로 참여하는 이들도 있다.

"참여하지 않는 이웃들과의 갈등은 없나요? 갈등이 생길 경우 어떻게 해결하나요?"

"소음문제로 약간 갈등이 있기도 했습니다. 축제의 의미, 센터의 정체성 등에 대해 알리려고 노력하는 것으로 갈등을 풀려고 합니다. 주변 이웃들에게 관용을 가져야 한다고 계속 이야기해요. 회의를 열어 토론을 하죠. 관용을 언급하고 그런 정신을 이야기하는 것이 센터의 역할이기도 하고요. 대부분은 설득을 받아들입니다. 크게 동요하지 않고 축제는 원래대로 차근차근 진행했어요."

"회사의 방침인가요, 아니면 안나 씨 개인의 성향인 건가요?"

"(당황한 듯) 토론은 모두의 공통적인 갈등 해결방식 아닌가요? 이 기관이 존재하는 이유이기도 하죠."

나는 머쓱했다. 도피하듯 회사를 그만두며 겪은 회사의 리더들은 공통점이 하나 있었다. 민원에 아주 민감하다는 것. 더 뚜렷한 공통점은 그것으로 인해 자신이 평가 절하되거나 시끄러워질 것을 우려해 계획대로 진행해야 할 정책이나 원칙까지 축소하거나 아예 바꿔버리는 모습이었다. 실무자에겐 아무런 권한이 없다고 직원을 공개적으로 깎아내리며 마무리하기도 했다.

대부분 민원을 처리하는 과정에서 토론을 하자는 제안은 없었다. 민주주의는 원래 시끄러운 것이라는데, 배운 것과는 달리 실제 사회에서는 대부분 토론을 하자고 하면 시비나 하극상, 불만분자, 기센 사람 등으로 받아들인다. 토론이 무시되는 경험은 좌절을 불러오고, 그렇게 되면 애초에 대화가 되지 않을 것이니 원하는 대로 요구를 받아들여야 한다며 스스로 지위를 떨어뜨리게 되고 만다.

인터뷰를 끝내고 나니 소나기가 엄청 내렸다. 한꺼번에 갑자기 쏟아진 비 때문이었을까. 우리는 전보다 더 감성을 섞어 회사를 그만둔 이야기를 나눴다. 아무래도 세상 잘한 일 같다며.

기관의 존재가치를 주민에게 토론을 통해 알리고 이를 실천하는 직장인 그 자체의 아우라가 너무 멋져서 여러 번 안나에게 사진을 찍자고 부탁했다. 그리고 그 사진은 지금도 내 책상의 한쪽 벽면을 장식하고 있다. 함께 사는 사회를 위해선 비굴해지지 말자는 다짐과 함께.

소나기가 그치고 숙소로 가기 위해 지하철역으로 향했다. 탑승구에서부터 선로까지 사람들이 빼곡히 들어차 있었다. 또 파업인가 보다 하는데 갑자기 사람들의 박수소리가 들렸다. 무슨 일인가 싶어 선로 가까이 다가갔더니 기름때가 잔뜩 묻은 역무원의 한 손에 귀여운 강아지가 들려 있는 것이 보였다. 알고 보니 지하철을 기다리던 한 아주머니의 강아지가 갑자기 선로로 뛰어든 것이다. 역무원은 급하게 브레이크를 걸고 강아지를 구출하였다.

우리나라였다면 너도나도 카메라를 들고 사진을 찍어 댔을 것이고 아주머니를 비난하는 글이 SNS에 퍼졌을 것이다. 그러나 그때 우리 주변엔 단언컨대 단 한 명도 사진을 찍는 이가 없었고 오히려 역무원에게 보내는 찬사의 박수소리만 들릴 뿐이었다. 참 기이한 풍경이었다. 우리는 늘 그랬듯이 우리나라의 상황과 비교해보며, 이런 태도와 분위기를 갖추려면 무엇부터 시작하면 좋을지 이야기 나누었다.

좋은 공동체를 이루는 중요한 요소 중 하나는 불가피하거나 크고 작은 실수에도, 그로 인한 갈등이 벌어지더라도 책임을 개인화하는 것이 아니라 그럴 수도 있다는 관대한 마음을 먼저 표현하는 법을 배우는 것이 아닐까 싶다.

| **인터뷰** · 안나, 엘리(직원) | **통역** · 송지연

"'무엇이 고민이세요?'라고 묻는다."

기획자는 듣는 작업을 먼저 해야 한다. 현지 주민의 이야기를 먼저 듣고, 그들의 제안을 기획자의 아이디어에 접목해야 한다. '이런 것을 하세요.' 라고 접근하는 것이 아니라 '무엇이 고민이세요?'라고 일상에서 접근하여 질문해야 한다. 함께 녹아드는 과정이 먼저다. 건축물을 설계하기 전에 '무엇이 고민이세요?'라는 질문을 하는 정기용 건축가처럼 일상에 함께 녹아드는 과정이 무엇보다 우선이다. 정기용 건축가가 건축물을 지을 때 맨 먼저 한 일은 지역 주민들을 은밀하게 만난 것이다. 주민들은 대부분 돈 낭비라며 짓지 말라고 말했지만 그 과정에서 주민의 공통적인 고민을 포착할 수 있었다. 목욕탕이었다. 그는 공무원의 취향이나 거창한 포부, 정치 역학에 기대지 않고 그곳을 평생 이용할 사람의 이야기를 담는 것을 중요하게 생각하였다. 그렇게 하여 목욕탕 딸린 면사무소가 탄생했다.

마을에서 생활을 연대하는

시민커뮤니티

시민이란 무엇일까?

인터뷰를 하면서 시민의식이란 단어를 종종 들었던 우리는 그것에 대
해 이야기를 나눈 적이 있다.

"어떻게 보면 '잔인성'의 반대를 뜻하는 것이 아닐까? 우리가 그 말을
주로 들은 것은 특히 독일에서였잖아. 순간 아우슈비츠가 떠오르더라.
잔인함을 줄여주는 장치로 여기는 게 아닐까 하는 생각이 들었어."

"그럴 수도 있겠다. 아이히만 같은 사람이 더 나오지 않도록 하는 장치
로 볼 수도 있겠어. 그 관점에서 보면 시민이란 공감력 제로에 시키는
대로 주어진 일만 하는 것을 경계하는 사람들을 뜻하기도 하겠네."

우리는 시민 스스로가 자발적으로 만든 커뮤니티를 접하면서 사람이 얼마나 철저히 자신만을 위해 살 수 있는지 반성하기도 하고, 한편으로는 시민의식에 대해 생각하는 기회를 가질 수 있었다.

3부에서는 이른바 그런 의식 높은 시민들이 만든 커뮤니티는 어떻게 만들어졌고 어떤 모습이며, 어떤 가치와 생각들을 담고 있는지 살펴보았다. 자꾸 존엄이 짓밟힐 때, 억울함을 알아주지 않을 때, 세상에서 나만 아프다고 느껴질 때 등 자신이 그런 일을 당하면 다른 사람에게 잔인해질 수 있는 인간의 한 면을 커뮤니티 안에서 어떻게 풀어나가는지 살펴보았다. 유럽의 시민 커뮤니티는 개인의 외로움과 이타심이 모인 곳이었으며, 제각기 다른 방식으로 공동체를 만들고 있었다.

온라인으로 연결되는 요즘 시대에 직접 만나 이야기 나누는 시민 커뮤니티의 모습은 구식이라 여겨질 수도 있겠다. 4차 산업혁명을 이야기할 정도로 디지털 확장은 다양한 온라인 시민 공동체를 만들어내고 있고, 그 안에서 우리의 사고 회로나 행동방식, 언어 등은 온라인에 맞게 매우 극적으로 변화하기도 한다. 그러나 유럽에서 각양각색의 시민 커뮤니티를 탐방하면서 느낀 건 아무리 온라인 세계가 매력적이고 편하다고 하더라도 온라인에선 이루어질 수 없는, 오프라인만의 또 다른 확장이 있다는 것이다.

3부는 직접 모여서 만나는 방식이 어떻게 공공의 영역을 만들어가며 확장되었는지를 알아보는 것에 초점을 두었다. 이런 점에서 '만난다'는 결국 '만든다'로 연결된다. 나를 바로 볼 수 있게 해주는 주변 사람들이 생기고, 그 안에서 개인은 시민으로 만들어지는 과정을 경험할 수 있다.

크고 작은 시민 커뮤니티 사례를 통해 다른 사람과 연결되고 싶어서 나서는 사람들이 많아졌으면 좋겠다. 그리고 잔인성과 반대되는 시민의식이 우리 사회에서 꾸준히, 더 많이 환기되면 좋겠다.

12

영국 웨일스

───────

헤이온와이
책마을

───────

> ❝다양한 세대와 마을 이웃이 합의하여
> 공공의 가치를 지켜내는 자발적 시민 공동체❞

우리나라에는 도서관이 900개가 넘는다. 그리고 각각의 도
서관은 어린이를 특화한다든가 장난감이나 향토자료 등 다
양한 특색을 부여하여 자신의 존재가치를 드러낸다. 도서관
이 만들어지면 대개는 일단 시민들을 위한 대출 서비스와 희
망도서 신청, 책 배달 등 대상층을 고려한 정보 서비스를 공

통으로 진행한다. 그러나 시민과 사서의 연결고리는 도서관이 설립되고 난 이후에 이루어지는 경우가 많다. 대부분의 도서관에서 시민은 설립 후 이용자로 출발한다. 도서관이 설립된 뒤 독서모임, 강좌 프로그램 등을 통해 관계 맺기가 시작되는 것이 일반적이다.

영국 웨일스에 있는 헤이온와이 책마을을 보기 전까지는 나도 그러한 모습을 당연하게 여겼다. 헤이온와이는 그저 시골 풍경과 어울리는 아기자기한 서점들이 많아서 유명해진 것이라고 막연하게 생각했다. 책을 사랑한 한 남자의 설립 일화는 마케팅 요소일 것이라고 치부하기도 했다. 하지만 헤이온와이 책마을을 만나면서 도서관에서 놓치고 있는 중요한 점을 찾을 수 있었다.

회색 건물 가득한 런던에서
초록이 가득한
웨일스로

우리가 며칠 머문 런던에서 웨일스까지는 어느 시간대

에 어떤 기차를 타느냐에 따라 가격과 소요시간이 매우 달랐다. 국영 기차와 민영 기차가 섞여 있기 때문이다. 2만 원도 채 안 되는 돈으로 갈 수 있는 국영 기차는 시간대가 맞지 않아 포기하고, 결국 금액이 5배나 되는 민영 기차를 탔다.

돈 아깝다며, 오늘도 빵으로 끼니를 때워야 한다는 슬픔에 대처 총리에게 툴툴거리며 자리에 앉았다. 하지만 그것도 잠시, 웨일스의 초록이 가득한 나무와 쨍한 햇살을 마주하니 마구 설레었다. 어느 나라나 그렇듯 나무와 동물, 그리고 햇빛과 사람들이 적절히 어우러진 시골의 푸르른 풍경은 눈부시게 아름다웠다.

헤이온와이 책마을은 1962년 리처드 부스라는 한 청년이 자신의 고향인 이곳에 와서 헤이 성을 사고 세계의 헌책을 모으고, 사람들과 함께 살아가기 시작하면서 만들어졌다. 1,400명 남짓이 살고 있는 작은 마을이지만 일 년에 100만 권의 헌책이 판매된다. 이곳에서 높이 살 만한 점은 마을을 만든 '과정'에 있다. 서점은커녕 책을 읽을 사람도 없이 쇠락해가는 폐광촌을 책마을로 만들 수 있었던 비결은, 한 사람이 헌책방 운영에 대한 고민을 마을 사람들에게 드러내놓고 때론 설득시키고 직접 보여주며 동참시키는 과정에 있었다.

1 헤이온와이는 고성을 랜드마크로 하여 주변에 아기자기하고 예쁜 서점과 집들이 가득했다.

2 랜드마크인 고성은 레스토랑과 카페로 운영되고 있었다. 물론 가격이 비싸 눈으로만 즐겼지만.

3 보라색이 인상적인 음악 전문서점에서 새로운 주인을 기다리는 책과 음반들.

4 서점들이 많기에 개성도 다양했는데, 눕거나 기대어서 책을 볼 수 있는 이색공간도 있었다.

이 많은 사람들과
어떻게
함께할 수 있었을까

시골 마을에 헌책방을 여는 건 어렵지 않았다고 한다. 오랫동안 비어 있던 공간은 헐값이었고, 모아둔 돈으로 좋은 책을 구매했으며 약간의 여유자금도 있었다고 한다. 문제는 찾아오는 손님이 없는 것. 그러다 학자들 사이에서 이곳에 좋은 책이 많다고 입소문이 먼저 돌았고, 타지에서 방문하는 사람들이 늘어나면서 방문객을 상대로 하는 숙박 가능한 식당들이 생겼으며, 점차 헌책에 관심을 보이는 마을 사람들도 나타났다. 그러면서 자연스럽게 헌책방에 대한 다양한 아이디어가 모아지기 시작했다. 급기야 1972년부터는 '책마을'이라는 이름으로 새로 불리게 된다.

1977년 4월 1일 만우절을 기해 리처드 부스는 헤이온와이의 독립을 선언하고 스스로 '서적 왕 리처드'에 즉위하는 이벤트를 벌였다. 그리고 헤이온와이만의 독자적인 화폐와 우표, 여권까지 발행하였다. 헤이온와이를 독립왕국으로 선언하고 스스로 왕의 칭호를, 자신의 말에는 총리 직함을

3부 _ 마을에서 생활을 연대하는 시민 커뮤니티

주기도 한 그의 재기발랄함은 지금도 이어지고 있다.

리처드 부스가 운영하는 서점에는 책뿐만 아니라 스튜디오와 카페 공간이 있다. 스튜디오 공간에서는 월요일부터 토요일까지 필라테스, 요가, 명상 등의 프로그램이 진행된다. 스튜디오 공간은 임대를 한 것으로 워크숍, 회의, 강의 등의 용도로도 사용한다. 뿐만 아니라 음악감상, 전시 등의 이벤트도 정기적으로 진행하고 있다. 우리가 방문했을 땐 '책을 판단하지 말라(Never Judge a Book)'라는 주제로 곳곳에서 전시를 하고 있었다.

이곳을 방문하면서 정말 궁금했던 것은 하나였다.

'어떻게 이 많은 사람들과 함께할 수 있었을까?'

농기구보관소, 마구간, 옛 성 등을 헌책방으로 개조해 연간 50만 명 이상이 찾는 세계적인 명소가 된 속이야기를 좀 더 파헤쳐보았다. 여기저기 자료에는 독특한 프로그램과 굴지의 헌책 유통업체들의 참여, 그리고 체계적인 마케팅 전략을 편 것이 성공의 열쇠라고 명시하고 있었다.

'하지만 정말 그럴까? 고작 책으로 이렇게 큰 공동체가 만들어질 수 있다고? 그게 가능하다고?'

리처드 부스의 인터뷰가 실린 기사를 살펴보면 인상적인 대목이 있다. 지금의 헤이온와이는 절대 혼자서 만든 것이 아니라는 것. 끊임없이 관심 있는 많은 마을 사람들과 생각을 나누고 토론했으며 처음부터 특색 있는 책마을을 계획하고 차근차근 만들어가기 위해 노력했다는 것이다. 헌책이라는 콘셉트가 성공했다고 보고 너도 나도 이웃들이 도취하여 책마을이라는 결과물이 만들어진 것이 아니다. 부스의 철학에 동의한다는 가치 합의가 이루어져 만들어진 마을이라는 점에 주목할 필요가 있다.

부스는 이미 출판된 인기 있는 책을 자본과 연계하여 계속해서 복본을 너무 많이 만들어내는 것에 크게 반대하는 사람이었다. 사회주의와 자연주의를 추구하는 것이 헌책 추구와 맞닿아 있다며 헌책의 중요성을 강조했다. 그리고 이에

헤이온와이 책마을을 만든 리처드 부스의 책방. 그가 기획한 책마을은 훗날 전 세계에서 벤치마킹하는 성공사례가 되었다.

리처드 부스는 헤이온와이의 성공요소로 무엇보다 마을 사람들과 생각을 나누고 토론한 것을 꼽는다.

리처드 부스는 자본과 연계하여 새 책을 대량으로 생산하는 것에 반대하며 사회주의와 자연주의에 대한 추구가 헌 책을 추구하는 것과 맞닿아 있다고 한다.

동조하는 마을 사람들과 공동체를 이루었다.

이런 점에서 볼 때 헤이온와이는 단순히 열정 가득한 청년의 서점이 있는 곳이라는 수식어가 아니라 책의 가치를 사랑하는 사람들이 운영하는 책마을이라고 이해해야 할 것이다.

사회주의와 자연주의를 추구, 공동체를 중요시하는 관점 반영

리처드 부스의 문제의식에는 공동체를 중요하게 여기는 관점이 담겨 있다. 부스가 고향을 방문했을 때 이곳은 이미 대기업 자본이 침투해 런던에서 흔히 보던 대형 할인마트까지 들어서서 생산력을 잃은 상태였다. 산업화의 끝자락에서 마을은 폐광촌이 되어 폐허처럼 변하였다. 그래서 그가 외친 재건의 목소리는 분명 다른 사람의 마음에 울림을 주었을 것이다.

부스가 주창한 헌책방에 관한 슬로건은 분명 의식의 변

화를 가져왔다. 도시재생을 빌미로 지역을 관광지화하려는 관광청과 관료들에게도 쓴소리를 아끼지 않았으니 진정성은 충분히 있었다. 그를 비롯해 마을 사람들이 사람의 얼굴을 한 정책을 시행하라는 경고를 한 적도 있다.

지자체가 출연해 만든 지역 공동체의 가치와 가능성에 대한 글을 보면 결국 요지는, 지역 공동체의 복원이나 지역 경제 자립을 위한 활성화를 실현할 수 있는 가장 중요한 요인은 뛰어난 문화기획자도, 뛰어난 관료도, 뛰어난 정치인도 아닌, 당사자인 시민들의 조직체다. 부스와 마을 사람들은 서로 협력하면서 때론 갈등도 겪었지만 그래도 함께 삶을 이어가는 관계를 위해 끊임없이 얼굴을 맞대고 대화를 나누며 감정을 나누었다.

헤이온와이는 지그문트 바우만의 설명처럼 "각양각색의 사회화된 인간들이 모여 논쟁을 하기도 하지만 자발성과 실험정신이 있는 사회"였다. 그야말로 함께 돕고 보살피며, 이타적인 인간이 되기 위해 노력하고, 모두의 행복에 대해 책임을 나누었다. 바로 이런 정신이 헤이온와이 마을을 만드는 과정에 깃들어 있었기에 지금과 같은 책마을을 형성할 수 있었다.

어떤 이들은 서점 수가 크게 줄었으니 그러한 정신도

희미해진 것 아니냐고 이야기한다. 이전에는 좁은 골목길을 따라 즐비하게 늘어선 헌책방들의 일련번호가 거의 50에 이르렀지만 이젠 일련번호가 30을 넘지 못하고, 책방이 있던 자리에 관광객을 겨냥한 기념품점이나 레스토랑 또는 술집 등 개인의 이익을 추구하기 위한 공간이 들어섰다는 것을 근거로 삼아서. 그러나 중요한 것은 그런 마케팅 요소인 수와 규모가 아니다.

헤이온와이 마을의 상징이 된 헤이 성의 벽을 따라 만든 4킬로미터짜리 야외 책장도, 각 서점마다 돋보이는 개성도 모두 마을 주민의 노력으로 만들어졌다는 것에 주목해야 한다.

마을 주민과 타지역 사람들이
모두 함께 준비하는
헤이축제

이곳의 서점들은 제각기 고유한 특성을 지니고 있다. 영화 전문서점, 시 전문서점, 소설 전문서점, 북카페, 사회문제 토론을 중요시하는 서점, 정원 속 현대 예술가 전시가 함께 있는 예술 전문서점, 어린이 전문서점 등 특색이 정말 다양했다. 뿐만 아니라 아이러니하게도 이렇게 서점들이 많은 가운데 주민들을 위한 헤이온와이 도서관도 있었다.

지금과 같은 헤이온와이의 전신은 각양각색의 헌책방이다. 서점들의 다양함은 1988년에 처음 열린 헤이축제(Hay Festival)를 시작으로 더욱 부각되었다. 축제에는 헤이온와이 마을의 주민을 비롯해 젊은 세대까지 유입되었으며 이를 계기로 헤이온와이 책마을은 한층 더 도약하였다. 2002년에는 토니 모리슨과 나딘 고디머 같은, 노벨문학상을 수상한 문학가들이 중심이 되었고 이후 빌 클린턴과 앨 고어 같은 정치인, 노벨평화상을 수상한 데스몬드 투투 주교가 참가하면서 그 유명세가 더 높아졌다.

매년 5월 말~6월초까지 열흘간 열리는 축제기간에는 수만 명이 방문하고 강연, 전시, 낭독, 인터뷰, 영화상영, 명상 등 100개가 넘는 책 관련 프로그램이 진행된다.

헤이축제는 여러 구역으로 나뉘어 다양하고 특색 있게 구성된다. 특히 '하우 더 라이트 겟츠 인(how the light gets in)'이 유명한데, 서구의 정치·경제·윤리적 진보와 연관된 이슈를 토론하는 행사다. 미래와 그 가치의 불확실성을 인정함으

헤이온와이에 있는 서점들은 각기 고유의 주제를 표방하는 전문서점에 가까웠다. 외관만 보아도 이 서점이 어떤 곳인지 바로 알 수 있었다. 토론을 중요시하는 서점의 경우, 다양한 토론 프로그램이 창문에 붙어 있고, 책과 연관된 '굿즈'를 주로 파는 서점, 만화 전문서점, 프로그램 중심 서점 등 각양각색의 모습으로 지나가는 사람들의 발길을 붙잡았다.

로써 진보에 대한 새로운 아이디어를 창출해야 한다는 전제 하에 전문 명사나 혁신적 아이디어를 지닌 철학가 등이 참여해 토론을 한다. 지금까지 현대 페미니즘을 비롯해 지정학 및 형이상학에 이르기까지 학제 간 논쟁을 위한 포럼이 진행되었다. 이는 헤이축제의 중심으로 자리 잡았고 BBC, 허핑턴 포스트(The Huffington Post), 와이어드(Wired Magazine) 및 바이스 미디어(VICE Media)와 같은 기관과의 파트너십을 통해 국제적으로 영상이 공개된다. 처음 시작된 2010년 이후로 영국의 유명작가 마틴 에이미스와 이언 매큐언, 나이지리아 출신 작가로 맨부커상을 받은 벤 오크리, 맨부커상을 두 번 수상한 여성작가 힐러리 맨텔, 《대륙의 딸》을 쓴 장융, 줄기세포연구로 노벨생리의학상을 받은 존 거든, 영화배우 주드 로 등 유명인사들이 참가하였다.

그렇다고 해서 헤이축제가 유명인만을 유치하는 축제는 아니다. 아직 주목받지 못한 사상가들을 비롯해 혁신적이고 매력적인 철학자를 찾아내고, 아이디어에 대해 토론하는 데 초점을 둔다.

이 외에도 헤이축제에는 슈피겔 서커스, 마스크볼(가면무도회), 긴 테이블 연회, 빈티지 라이드(놀이기구존), 영국에서 유명한 노점상 및 음식판매점 등 놀거리와 볼거리가 많으며 다양한 요리도 만나볼 수 있다. 많은 사람들이 헤이축제에 대하여 철학과 음악이 중심이 되는 축제라고 말한다.

2 **3**

1 책만큼이나 많았던 사람을 구경하는 재미도 있었다. 구경꾼은 이렇게 탄생된 게 아닐까.

2 축제장의 각 구역은 사진에 보이는 것과 같은 문으로 구분되어 있다.

3 한국 축제의 기준에서 보면 듬성듬성한 프로그램 구성으로 보일 수 있다. 하지만 정신없
이 바쁘게 돌아다니지 않고 여유롭게 즐길 수 있어서 더 좋았다.

1 축제에서 빠질 수 없는 음식. 다양한 음식을 판매하고 있었다. 가격은 조금 비싼 편으로 우리는 미리 준비한 도시락으로 대신했다.

2 중고 LP판 코너에는 귀한 앨범이 즐비했다. 넉넉지 않은 형편이라 구경하는 것에 만족하고 아쉬움을 뒤로 하고 돌아섰다.

3 마을 전체가 축제장이다 보니 사람이 많이 지나다니는 곳에선 거리 공연을 쉽게 볼 수 있었다. 사진에 보이는 이들은 주민들로 축제날을 위해서 연습한 실력을 뽐냈다.

4 메인 축제장 한쪽에는 캠핑장과 카누를 즐길 수 있는 곳이 있다. 마을에 숙박시설이 충분하지 않아 캠핑장으로 이를 보완하고 있었다.

5 축제장의 이동도서관. 명화를 패러디한 옷을 입은 여인은 사진을 찍는 우리를 위해 한껏 포즈를 취해주었다.

6 공원에서 한가로이 잠을 자거나 책을 읽는 시민들의 모습을 보니 책 축제의 궁극적 목표는 이런 것이 아닐까라는 생각이 들었다.

벤치마킹의 초점은
시민사회와 시민의
자발적 공동체에 대한 이해

　현재는 벨기에, 프랑스, 네덜란드 등에 헤이온와이를 본뜬 책마을이 조성되었고, 책마을은 전 세계에서 벤치마킹이 되고 있다. 우리나라 파주도 그 맥락에 있다. 그러나 책마을 조성에 앞서 중요한 점을 놓치고 있는 것은 아닌지 다시 점검해봐야 한다. 우리나라 도서관도 이 책마을처럼 설계 단계에서부터 주민들의 지지와 의견이 반영되도록 하는 방법을 고민해야 한다.

　시민사회라는 것은 시민이 자발적인 공동체를 통해 자유, 평등, 동료애, 동질성을 경험할 수 있도록 하는 사회를 말한다. 이를 위해서는 시민들이 사회 내의 크고 작은 일들을 사전단계부터 함께 기획하는 '과정적 기획'이 이루어져야 한다. 전문가는 그 과정에서 소통과 참여를 이끌어내거나 장을 마련해주는 등 설계자로서의 역할만 하면 된다. 리처드 부스처럼.

"사람을 만나는 방법을 알고 있자."

많은 곳에서 사용하는 홍보방식인 홍보물, SNS 등이 사람을 모으기 위한 방법의 전부라고 생각하지 말자. 우선 사람을 모집하려면 만나는 게 먼저다. 직접 그 지역에 가서 사람을 만나거나 그 지역의 공공기관을 방문하여 3~5명 정도 소개시켜 달라고 하는 것도 좋다. 그리고 철저히 그 사람들을 다 만나고 알아가려고 노력해야 한다. 이후 다른 사람을 소개시켜 달라고 하자. 그러면서 계속 늘려간다. 알아가고자 하는 방식은 다양할 수 있다. 인터뷰일 수도 있고, 워크숍을 통해서일 수도 있다.

"갈등을 회피하지 말자."

둘만 모여도 갈등은 항상 존재한다. 문제와 실수, 잡음이 없는 곳은 환상일 뿐이다. 갈등을 나쁘고 피해야 하는 것으로 생각하지 않는 것이 중요하다. 물론 커뮤니티에서 원칙을 마련하는 이유가 갈등을 최소화하기 위한 장치이지만 그것이 나쁘다고 생각해서 마련된 장치는 아니다. 어디서 어떤 누구와 어떻게 결합되어 누구에게 갈등이 일어날지는 아무도 예측하지 못한다. 그렇기 때문에 네가 나빴어 라고 갈등을 개인화하는 것이 아니라 모두가 겪을 수 있다는 전제에서 절충안을 마련해야 한다. 구성원 개개인의 역사성을 인정해주고, 모두가 상처받지 않기 위한 대안을 어떻게 마련할지를 생각해야 한다. 내가 양보하고 내어줄 수 있는 부분과 그렇지 않은 부분을 허심탄회하게 이야기하는 논의테이블이 먼저 있으면 좋겠다. 내어줄 수 없는 이유에 대해 대면하고 이야기 나누며 모든 구성원들이 납득할 수 있도록 서로 설득의 시간을 갖는 것이 필수이다. 그런 뒤 모두가 동의할 수 있는 절충안을 만들어야 한다.

13

독일 베를린

우 파 파 브 릭

**"구체적인 미래 대안을 제시하는
히피가 만든 문화생태 공동체"**

독일에서 가장 처음 방문한 곳은 우파 파브릭이다. 이곳은
베를린에서도 다소 외곽에 자리 잡고 있다. 독일과 프랑스의
경우 곳곳의 소도시까지 돌아볼 계획이었기에 미리 독일 공
항에서 픽업할 차를 한국에서 예약해두었다. 그런데 자동기
어 차량은 수량도 별로 없을 뿐더러 이미 예약이 다 찼기에

어쩔 수 없이 수동기어 차량 가운데 가장 가격이 저렴한 경차를 골랐다. 수동기어 운전이 익숙하지 않은 까닭에 그는 고향 친구의 차를 빌려 미리 연습을 하였다. 그런데도 시동을 여러번 꺼트리며 가다 서다를 반복하는 상황이 벌어졌다. 그런데 신기한 건 경적소리 한 번 들어보지 못했다는 것이다. 오히려 돌아서 가거나 기다려주는 모습을 자주 볼 수 있었다. 다시 생각해보아도 덕분에 마음 졸이지 않고 곧 수동기어에 익숙해져 무사히 운전을 할 수 있었다.

이렇게 국제적으로 민폐를 끼치고 도착한 우파 파브릭 (Ufa Fabrik)은 베를린 테겔 국제공항에서 차로 20분이면 닿는 가까운 거리에 있었다. 사전에 메일을 통해 인터뷰 약속을 잡으려 하였으나 답장을 받지 못해 걱정스러운 마음으로 무작정 방문했다. 그리고 사무실로 가서 책임자와 인터뷰를 하고 싶다고 말하였다. 무모한 행동이었는데도 그들은 멀리 동양에서 온 낯선 이방인의 요청에 친절하게 응해주었다.

담당자와 미팅을 하기 전까지 남는 시간 동안 통역을 도와준 지연 씨와 함께 공간을 돌아보며 대화를 나눴다. 서양화를 전공한 지연 씨는 학교를 졸업하고 독일에서 예술 활동을 하며 일자리를 알아보고 있었다. 그녀는 독일 사회와 사람들에 대한 이야기를 해주었다. 그녀의 목표는 독일에

주택밀집 지역에 자리 잡고 있는 우파 파브릭. 친환경을 모토로 하기에 곳곳이
푸름으로 가득했다.

서 취업해서 영주권을 갖는 것이다. 독일의 매력에 흠뻑 빠진 그녀는 한국으로 돌아가고 싶지 않다는 말을 줄곧 했다. 이때만 해도 앞으로 독일에서 만나게 될 모든 유학생이 이런 생각을 갖고 있다는 걸 알지 못했다.

공동체의 지속성을
응원하는
독일 사회

우파 파브릭은 연간 30만 명이 방문하는, 대안사회에 대한 모범적 답을 제시하는 곳으로 평가된다. 문화, 교육, 노동, 주거, 환경, 경제를 모두 아우르는 문화생태 공동체다.

우파 파브릭이 있는 곳은 본래 유명한 영화촬영소였다. 한때 할리우드와 경쟁관계에 있던 우니베르줌 영화사가 동서 분단으로 인해 촬영소와 현상소가 나뉘게 되었고, 1961년 베를린 장벽이 세워진 뒤 1970년대 초반에 문을 닫게 되었다. 그렇게 방치되어 있던 공간을 청년들이 무단점거하고 새로운 대안공간으로 만들기 위해 다양한 시도를 하였다. 그들은 문화, 환경, 교육 등의 행사를 열고 지속적인 공동체를 만들기 위해 노력하였다. 이런 노력 끝에 무단점거 3주 만에 베를린 시의회로부터 거주를 허락받고 합법적으로 활동을 할 수 있었다. 만약 한국이었다면 가능했을까?

"청년의 다소 무리한 도전을 믿고 관대하게 허용해준 독일이 참 대단하다는 생각이 들어요. 한국이었다면 용역깡패를 불렀을 거예요."

"용역깡패가 뭐죠?"

"공권력이 아닌 힘을 행사하는 사조직이라고 볼 수 있어요."

"정말 놀랍네요. 어떻게 공권력이 아닌 다른 권력이 들어올 수 있죠? 여러분 말대로 독일의 사회 수준이 어느 정도 있었기에 가능했는지도 모르겠네요. 동독은 기본적으로 사람들 간의 공동체 형성을 적극 권장하는 사회 분위기가 있어요. 지금도 그래요. 누구든 모임에 가입하거나 모임을 만드는 게 매우 자연스러워요. 보통 직장을 물어보잖아요. 그러나 독일 사회에서는 그것보다 어느 모임에서 활동하고 있는지, 어떤 사회 활동을 하는지를 묻습니다. 그런 것이 없다면 오히려 부정적으로 봐요."

"개인은 결국 사회와 함께 가는 것 같아요. 어떤 사회이

도심 속 오아시스로 불리는 우파 파브릭은 연간 30만 명이 방문하는 곳으로, 대안사회에 대한 모범적 답을 제시한다. 이곳에서는 그들이 중요하게 생각하는 생태주의와 사회주의 가치를 담은 문화예술, 교육 프로그램 등 열린 행사를 진행하고 있다. 행사 내용을 담은 마을 게시판이 초입에서 우리를 맞이해주고 있다.

냐가 개인이 어떤 삶을 살 수 있는지를 결정하지 않나요?"

"맞아요. 왜 유럽은 가능했는데 한국은 가능하지 못했을지 궁금하다고 했죠? 그렇게 접근하니 우파 파브릭이 존재할 수 있도록 한 사회 분위기는 분명 있었다고 할 수 있겠어요. 물론 어느 나라든 좋은 삶에 대한 고민은 존재했을 겁니다.

저희는 공동체 형성이 곧 시민의식을 높인다는 인식이 깊게 박혀 있어요. 큰 전쟁을 겪었고, 나치라는 부채의식도 강하죠. 빠르게 진행된 산업화에 뒤따를 수 있는 부작용을 국민들이 알 수 있도록 하는 시간도 주었지요. 특히 정부와 사회학자들은 국민들에게 기계에 의해 공동체가 해체될 수 있다는 부분을 말해주었어요. 그래서 모두가 불행해지지 않도록 사전에 이를 맞이할 준비를 국민들과 협의하여 진행했습니다. 그리고 독일인들은 파편화될 개인을 묶는 게 필요하다고 결론을 내렸습니다. 결국 빈부격차의 두려움을 없애기 위해 노조가 많이 생겼고요. 사람들 간 조직화도 그때 더욱 많이 이루어졌죠. 문화생태 공동체라는 특색도 그 맥락에서 형성되었다고 보면 됩니다."

기술이 도입되었으므로, 제도가 바뀌었으므로 노동유연화를 필연적으로 받아들인 우리나라는 독일과 무엇이 달랐던 것일까. 왜 토론이 안 되는 나라였을까. 잠시 원망도 하며 좀 더 이야기를 이어나갔다.

"독일엔 각양각색의 공동체들이 많았겠어요."

"그럼요. 그러나 또한 없어지기도 하죠. 그리고 또 생기기도 하고요. 없어졌다고 해서 실패한 것은 아니에요. 그때 만들어진 지침 중 좋았던 점은 또 다른 공동체에 공유되기도 하죠."

히피가 추구하는 가치에
동의하는 사람들을
모아보자

독일 사회가 인정해준 우파 파브릭은 어떻게 시작된 건지 구체적으로 그 경위가 궁금했다.

"미친 사람들을 모아보자! 이게 저희의 시작이었습니다. 모여 보니 히피들이었죠."

어느덧 중년이 된 그에게서 이 말을 들으니 청년 시절의 자유로움 가득한 그의 모습이 연상되었다. 처음에는 히피가 추구하는 가치에 동의하는 목수, 수공예가, 화가 등의 아티스트들을 주축으로 쿠담 지역에서 스포츠, 문화 등을 주제로 함께 작업을 하며 공동체를 형성했다. 그들은 뜻을 함께하는 사람들과 히피답게 유기농 음식, 자연과 치유 등 인위적인 것을 배제하는 삶을 목표로 하였다. 쿠담에서 함께 거주하며 6주간의 예행연습을 한 뒤 공동체를 만들어도 되겠다는 확신이 섰다고 한다. 이후 옮겨간 곳이 지금의 우파 파브릭이 있는 곳이다.

이곳에서는 1979년 6월부터 사회 활동을 시작하였다. 유기농으로 직접 농사를 지어 만든 빵을 팔아서 생활비를 벌었다. 거주 공동체에서 노동을 함께 하는 경제 공동체로 진화하기 시작한 것이다. 우파 파브릭에서는 여러 실험 끝에 자립을 실현한 것처럼 보였다.

"빵과 음료도 팔고, 임대료도 있었죠. 소득이 생기자 베를린 정부는 소득세를 요구했어요. 대신 그동안 우리가 수익의 일정 부분을 사회에 기부하던 활동을 지원해주었죠. 기부에 대해선 정부가 저희와 함께 분담해요. 우리가 만든 유기농 빵은 공동체를 운영하는 데에 가장 큰 수익을 차지해요. 빵 사업과 관련된 일자리만도 130개가 넘어요. 베를린 전역에 빵을 공급하고 있습니다."

공동체 활동과 노동이 분리되지 않고 경제적으로 자립할 수 있다는 것은 그들 공동체가 지속될 수 있는 큰 힘이다.

히피들이 시작한 우파 파브릭에서는 함께 책 읽는 독서모임과 공동육아는 기본이고 그 외 다양한 문화 프로그램이 운영되고 있다. 전 세계 아티스트들의 공연도 지속적으로 열린다. 이들은 특히 이웃과 함께하는 예술 프로그램에 대한 자부심이 남달랐다.

"우리는 히피 정신을 존중해요. 그래서 특히 예술의 힘

우파 파브릭에 있는 게스트하우스. 수익이 많은 편은 아니지만 운영은 되고 있다.
그러나 주로 멀리 타지에서 온 공연자들을 위한 무료 숙소로 더 많이 사용된다.

을 믿죠. 예술과 관련해 물리적으로 필요한 것들을 모두 충족시키고자 노력해요. 예를 들면 우파 파브릭 공동체원 모두가 즐길 수 있는 큰 공연장과 연습장을 세웠죠. 예술교육도 중요한 축이에요. 예전에 한국의 아티스트도 초청했어요. 김덕수 사물놀이패도 2007년에 공연을 하고 갔고요. 2017년에도 공연이 예정되어 있습니다. 서커스 강좌, 재즈 강좌 등의 문화교육 프로그램도 진행합니다. 공동체 인근 지역 주민과 예술가와의 접점을 시도하는 프로그램이죠."

"안에 학교도 있던데 정규 교육을 하는 건가요?"

"정규 커리큘럼도 있고 그렇지 않은 것도 있어요. 공동체원의 자녀를 대상으로 대안학교를 운영해요. 이웃의 자녀에게도 열려 있어요. 그러나 공식 허가를 받은 학교는 아니기 때문에 이웃의 자녀들은 거의 없는 편이에요. 학부모가 직접 교육을 진행하기도 하고 전문 교사도 따로 있습니다. 교육에 관심이 높은 몇몇 인근 지역 주민들이 인가를 받을 수 있도록 하는 게 어떻겠냐고 권유하기도 했죠. 그러나 원칙을 지키기로 했습니다. 학생 수는 그리 많지 않아요."

"특별히 학교까지 만든 이유가 있나요? 독일 공교육에 대한 불신이 있나요?"

"방식은 크게 다르지 않아요. 다만 커리큘럼이 많지 않

1 우파 파브릭에서는 꾸준히 세계적인 아티스트들을 초청
해 공연을 개최한다. 한국의 김덕수 사물놀이패도 이곳
에서 공연을 하였다.

2 우파 파브릭 구성원들은 히피 정신을 존중하며 특히 예
술의 힘을 믿는다. 그래서 관련된 물리적 필요를 충족시
키기 위해 끊임없이 노력한다.

3 유아 프로그램이 진행되는 교육장. 프로그램 시작 전 엄
마와 딸이 즐거운 시간을 보내고 있다.

으니 본인이 원하는 대로 골고루 다 들을 순 없어요. 저희는 예술교육을 가장 강조해요. 지식 위주의 수업은 하지 않아요. 놀이수업도 중요하지요. 공교육에 대한 불신이라기보다는 또 다른 교육이 가능하다는 걸 보여주는 거죠. 공동체 간의 교육도 가능하다는 것을요. 또 다른 놀이터도 만들고요."

학교의 벽은 온통 아이들의 낙서와 그림으로 가득했다. 아이들의 눈에는 상상력 가득한 명화였을 것이다. 이곳은 마치 아이들의 상상력을 키우는 상상극장 같은 곳이었다. 학생들은 무척 명랑해서 처음 보는 검은머리 외국인에게도 사진을 찍어달라고 요청했다.

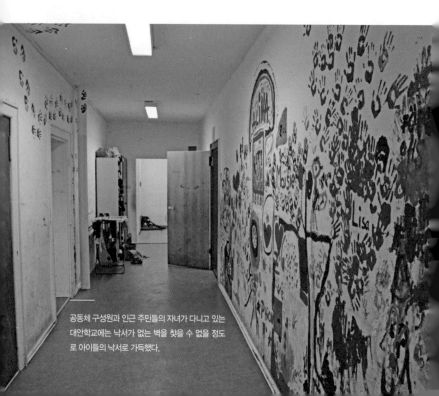

공동체 구성원과 인근 주민들의 자녀가 다니고 있는 대안학교에는 낙서가 없는 벽을 찾을 수 없을 정도로 아이들의 낙서로 가득했다.

사람과의 감정교류에
게을러지지 않기

비가 와서 비어 있던 놀이터는 비가 그치자 금세 놀러 나온 아이들과 부모들로 채워졌다. 변변한 놀이기구가 없이 모래와 물로 이루어져 있고, 동물들이 있으며 직접 만질 수도 있었다. 그들은 이곳을 생태놀이터라고 불렀다. 이곳에서 어른과 아이들은 삽과 손을 가지고 스스로 함께 놀 수 있는 환경을 만들었다. 놀이터 한쪽의 동물농장에는 닭, 돼지, 당나귀 등의 동물을 키웠는데, 직접 눈으로 보고 만지며 동물들과 교감할 수도 있다. 그 날은 아이들이 당나귀에 타고 있는 모습을 볼 수 있었다. 어떤 절차 없이 부모가 끌고 아이가 타는 모습이 익숙해보였다. 비가 와서 여기저기 진흙탕이 있었지만 옷이 더러워진다고 아이들을 제재하거나 타이르는 부모는 없었다.

한 시간 정도 인터뷰를 진행한 뒤 마지막으로 바이트랄라 씨에게 공동체를 만들고자 하는 이들에게 하고 싶은 조언을 부탁하였다.

"가장 중요한 것은 사람이라는 점을 명심하세요. 문화

놀이터에 놀이기구라고는 미끄럼틀이 전부이지만 아이들은 흙과 물을 장난 감 삼아 즐거운 시간을 보냈다.

를 만들고 함께 살아가려면 대화와 토론이 필요합니다. 그리고 이를 통해 서로 신뢰하고 마음을 열어야 합니다. 자신뿐 아니라 다른 사람이 잘 지내고 있는지, 잘하고 있는지 지켜봐주고 먼저 다가가서 말을 걸고 노력해야 합니다. 타인과 감정을 교류하는 것에 게을러지지 마세요."

그의 충고는 사실 어찌 보면 그리 특별한 말이 아닐 수도 있다. 뭔가 특별한 기술이나 방법이 있을 거라 생각했던 우리는 다소 당황스러웠다. 그러나 곱씹어보면 가장 쉽고도

놀이터 한쪽에 있는 목장에는 닭과 오리, 조랑말이 있다. 부모가 아이를 조랑말에 태우고 가는 모습이 자연스럽게 보였다.

직접 제배한 유기농 재료로 운영하는 카페에서는 음식과 차를 판매한다.

가장 지키기 어려운 말이 아닐까. 연장선에서 그는 하나 더 덧붙였다.

"여기에서는 어떤 의사결정을 해야 할 때는 모든 구성원이 찬성해야만 진행합니다. 만장일치로 의사결정을 해요. 누구 하나라도 소외되지 않는 사회여야 합니다. 물론 오랜 시간이 필요하죠. 많은 사람들이 그런 점을 염려합니다. 그러나 그건 별로 중요하지 않아요. 효율적이냐 비효율적이냐는 중요한 것이 아닙니다. 조금 천천히 가더라도 함께 가는 것이 중요합니다. 만장일치 덕분에 더 많은 대화를 해요. 그 과정에서 다른 의견을 낸 사람도 스스로 그 문제에 대해 더 깊이 들여다보는 시간을 갖죠. 자연스레 타인의 의견도 생각해보는 공백을 갖게 되는 겁니다."

"실제로 어떤 회의에 모두가 다 참여하기란 쉽지 않을 텐데요?"

"의사결정 회의에 불참하는 사람이 있으면 그 사람에게 관련 자료를 보내줍니다. 잘 모르는 부분에 대해 문의해오면 그 사람이 편한 시간대에 설명을 해주러 방문하기도 하고 이메일을 통해 알려주기도 합니다. 모든 구성원이 잘 이해할 수 있을 때까지 돕는 거죠. 그래서 하나의 의제에 대한 결론을 내리기까지 길게는 몇 달씩 걸릴 때도 있어요. 그런데 그게 뭐 대수인가요? 쉽게 만장일치가 되는 의제도 있지만 그렇지 않은 경우도 있다는 것을 모두가 알아야죠. 찬성하지 않는 사람들의 찬성을 이끌어내기 위한 설득의 시간이 필요한 건 공동체에선 너무도 당연한 겁니다."

한국에서도 특정 주제의 공동체와 마을만들기 사업은 이제 과도기를 지나 소소하지만 좋은 사례들이 나오고 있다. 그러나 반대로 주민들의 피로감이 쌓여 오히려 관광객을 피해 살던 지역을 떠나는 투어리스티피케이션이 심각한 문제로 거론되고 있기도 하다. 뿐만 아니라 공동체 내에서 생긴 이익이 그 공동체로 돌아오는 것이 아니라 외부의 기업이나 상인들에게로 가는 사례가 있어 문제가 되기도 한다.

이런 문제가 생기는 가장 큰 원인은 의사결정 과정에 주민들의 의견이 충분히 반영되지 못하기 때문이다. 그리고 반대의견이 있을 경우 충분한 설득의 과정을 거치지 않는 것도 문제다. 우리가 우파 파브릭에서 배울 점은 결과로서의 성공한 지금 모습이 아니라 그 과정에 있다는 점을 잊지 말아야 한다.

| 인터뷰 · 바이트랄래(총괄책임자) | 통역 · 김지연

"'나는 이렇게 생각하는데 너희들은 어때?'라고 묻지 않는다. 하나하나 모두의 의견을 실현해보자고 이야기한다."

자신의 의견이나 생각을 다른 사람 앞에서 이야기하는 것은 대단한 용기가 필요한 일이다. 어느 모임에나 용기가 많아 자신의 의견을 거침없이 말하는 사람이 있다. 그리고 대개는 목소리 큰 사람이 말하는 대로 되기 십상이다. 그렇게 되면 새로운 것을 시도하지 못하고 획일화될 수 있고, 반대의견을 가지는 사람은 결국 그 커뮤니티에서 빠지게 된다. 다양성이 없게 된다. 그러나 모두가 방법을 하나씩 제안하자고 누군가 말한다면 분위기는 달라진다. 각자가 재미있다고 생각하는 것들, 하고 싶은 것들을 모두 이야기하고 실제로 차근차근 모두 해보자. 그리고 나서 결정해도 늦지 않다. 커뮤니티는 누구나 의견을 말할 수 있는 가치를 가져야 한다.

"자신의 노동과 공동체 활동이 분리되지 않게 하는 것이 지속성의 열쇠"

현재 우리나라 공동체 사업은 지자체의 주도로 이루어지는 것이 참 많다. 지자체의 지원금을 바탕으로 공동체가 조성되고 영위되는 사례가 많다. 그렇다 보니 지원금이 줄거나 끊길 경우엔 붕괴되거나 침체되는 경우 역시 적지 않다. 문제는 자립이다. 자신의 노동과 공동체 활동이 분리되지 않도록 하는 것이 중요하다. 우파 파브릭처럼 자신들이 재배한 유기농 재료로 만든 빵을 판매하는 것은 자립을 위해 매우 중요한 경제 활동이다. 아주 당연한 이야기지만 쉽지 않은 문제다. 모두가 우파 파브릭처럼 되는 것이 정답일 순 없다. 그러나 노동과 활동에 대한 통합된 인식은 시사하는 바가 크다. 노조를 결성하는 것부터 시작할 수도 있고, 직원 공동체의 사회적 활동을 지원할 수도 있다.

14

독일

비 터 펠 트 볼 펜
책 마 을

❝책으로 연결된 시니어 공동체❞

비터펠트볼펜으로 이동하면서 가장 인상 깊었던 것은 끝없이 이어지는 드넓은 녹지였다. 참 기분 좋은 초록이다. 독일은 도심에서도 큰 나무와 숲을 자주 볼 수 있지만 중소도시로 갈수록 비교가 안 될 정도로 나무가 많았다. 기대를 잔뜩 안고 책마을로 향했다. 그런데 아무리 찾아도 목적지는 나오지 않았다. 구글 지도에서는 우리가 있는 곳이 책마을이라고 가리키고 있었지만 우리 눈에 보이는 건 작은 시장과 그 안에 있는 작은 도서관 하나였다. 결국 독일 현지 여행사에 들어가 물어보고 나서야 주소가 잘못되었다는 것을 알게 됐다.

우여곡절 끝에 찾아간 곳은 영국 헤이온와이의 성공으로 책마을 열풍이 불 때 생긴 독일 최초의 책마을이다. 헤이온와이를 모델로 했지만 헤이온와이 책마을과는 또 다른 분위기였다. 역에서 마을로 가는 버스편을 30분마다 운영하는 헤이온와이와는 달리 비터펠트볼펜으로 가는 대중교통편은

헤이온와이가 세대 전체를 아우르는 책마을이라면, 비터펠트볼펜은 시니어끼리 서로 관계 맺은 시니어 공동체로 이루어진 책마을이다.

거의 없다시피 했다. 그러나 책마을로 향하던 중에 만난 작은 호수와 공원 덕분에 불편한 마음이 금방 풀어졌다.

비터펠트볼펜은 랜드마크 하나 없이 전체적으로 고풍스럽고 소박하며 아기자기한 건물인 헌책방이 모여 있었다. 건물 높이도 비슷했다. 그러나 지나다니는 사람이 하나도 보이지 않았다. 평일이어서일까? 궁금증을 안고 공동으로 운영한다는 문 닫힌 카페테리아에서 멀지 않은 곳에 있는 책방으로 들어갔다. 마음씨 좋은 할머니가 운영하는 곳이었다.

농촌사회에서
에코뮤지엄의
가치를 실현

미리암 씨가 운영하는 서점에는 매일 평균 40명 정도가 방문한다고 한다. 책방 입구 한가운데에는 '유머(Humor)'라는 분류판이 눈에 띄게 붙어 있는 책장이 있었다.

먼저 이곳 책마을에서는 어떤 일들이 이루어지는지로 이야기가 시작되었다.

"이곳은 매년 9월마다 책 축제가 열려요. 현재 책마을은 19년 정도 되었어요. 책 축제는 주로 책과 연관된 작가와 배우 등을 초청하고 거기에 음악 공연이 있는 아주 기본적인 형태의 축제입니다. 특별한 기획을 하는 것은 아니지요."

"책 축제를 준비하는 조직이 따로 있나요?"

"책마을을 운영하는 기관이 따로 있지는 않아요. 책 축제나 전반적 관리는 마을 내 책임자 한 명과 책방 주인들이 다 같이 모여서 이야기 나눕니다. 공동 기획한다고 봐야죠."

"한 명의 책임자는 어떻게 선정하나요?"

"여기서 옆으로 살짝 돌아가면 그가 운영하는 책방이

하루 평균 40명이 찾는다는 미리암 씨의 서점은 이윤이 생기지 않아도 걱정하지 않는다.
그저 좋은 책을 수집하며 공동체를 이루는 것에 만족한다.

있어요. 여기서 가장 젊지요. 한 사람이 그를 추천했고 모두가 동의했죠. 그도 받아들였고요."

이곳은 어찌 보면 책에 관심이 많은 시니어들이 모여 에코뮤지엄의 가치를 실현한 것으로 볼 수 있다. 에코뮤지엄이란, 지역 주민과 관이 협력하여 지역의 일상적인 문화를 사회·역사적으로 탐구하고, 현지 환경과 더불어 보존하고 전시하여 해당 지역사회의 발전을 도모하는 것에 초점을 맞춘 박물관을 뜻한다.

비터펠트볼펜 책마을에는 에코뮤지엄이 중요하게 여기는 가치인 협동, 일상의 문화, 역사성이라는 가치가 모두 담겨 있었다. 중장년층이 많이 모여 있는 농촌사회에서 특색을 살리기 위해 책을 사랑하는 시니어들이 모여 소박하게 책 축제도 하고 함께 책에 대한 생각도 나누면서 그것이 일상이 되었다. 게다가 이곳은 시니어끼리 서로 어우러져 의지하는 시니어 공동체이기도 하다.

비터펠트볼펜을 돌아보면서 크고 웅장하며 이용자가 많이 방문하는 것만이 꼭 성공은 아니라는 점을 다시 한 번 생각하게 되었다.

모두가 늙어가는 중,
자기결정권으로
시니어의 책문화를 만들어간다

헤이온와이 마을이 세대 전체를 아우르며 대내외적으로 상업성까지 갖춘 대규모 책마을이라면 이곳 비터펠트볼펜은 시니어가 주체라는 점에 초점이 맞추어져 있다. 방문자가 많지 않은 것은 그들에겐 그리 염려스러운 부분이 아니었다. 실제로 미리암 씨도 장사를 목적으로 이 마을에 들어온 것은 아니었다. 그녀와는 달리 돈을 벌기 위해 처음 헌책방을 시작했다는 한 할아버지도 지금은 이윤을 생각하지 않는단다. 그저 좋은 책을 수집하면서 지역사회에 관심을 가지고 공동체를 이루는 것에 만족하고 있었다.

"저희는 함께 무엇을 하고 싶은지 정례회의를 통해 의견을 수렴해요. 그 과정에서 아이디어가 결정되면 역할을 나누죠. 누구는 섭외를 하고, 누구는 음식을 준비하고…. 각자의 역량을 모아 함께 살아갑니다. 그리고 각자의 색깔을 잃지 않으려고 하죠. 저는 유머를 잃지 않으려고 해요. 어떤 서점은 매우 진지한 문학책이 많고, 또 어떤 서점은 음악책만 있어요. 그곳에선 늘 음악이 흘러나오죠."

아니나 다를까, 유머라는 분류판이 서점 공간의 맨 중앙에 놓여 있었다.

"저는 위트와 유머를 중요하게 여겨요. 여러분도 인생에서 유머를 잃으면 안 돼요."

"가장 아끼고 추천하는 책들이겠네요?"

"그럼요. 웃으려고 사는 거 아니겠어요?"

이곳의 책방 주인들은 대부분 나이가 지긋하고 조용히 움직였다. 마을에서 가장 젊다는 책임자도 50세가 넘었다. 이곳이야말로 인생의 지혜가 담긴 책방이 아닐까 싶다. 헤이온와이처럼 각각의 서점이 모두 고유한 성격을 지닌 것은 아니지만 저마다 삶의 중요한 가치를 표현하기 위해 고심하고 있었다. 어떤 서점은 아주 오래된 LP음반과 함께 음악책이, 어떤 곳은 유머를 담은 책이, 또 다른 곳은 요리책이 전시되어 있었다. 저마다 자신의 인생에서 중요했던 것을 가장 전면에 내세웠고 그것을 잘 느낄 수 있도록 구성해 놓았다.

"애초에 지자체에서 시니어를 염두에 두고 모았나요?"

"물론 아니죠. 그런데 모이다 보니 시니어가 대부분이었죠. 아마 지자체도 이런 콘셉트를 예상하지는 못했을 거예요. 시니어들이 모이니 이런 분위기가 형성된 거죠. 초반에

"웃으려고 사는 거 아니겠어요?"라며 인생에서 유머를 잃으면 안 된다고 강조하는 미리암 씨. 이곳 책마을에서는 최신 유행은 보기 힘들지만 또 다른 인생의 책을 만날 수 있다.

서점 한가운데에는 미리암 씨의 철학을 반영하는 듯 '유머'와 관련된 책들을 모아 놓은 책장이 있다.

는 실제로 느린 삶을 주제로 축제를 열기도 했어요."

"참 잘 어울려요. 자연 속 책공간들이, 그리고 책과 어르신의 모습이요. 헌책과 LP음반에서 나오는 조용한 음악. 아날로그 감수성 등 다 너무 좋아요."

"저도 그렇게 생각해요. 모두가 늙어가는 중이에요. 그런 게 이곳의 강점인 것 같아요. 최신 유행하는 것들은 없죠. 그러나 그것이 다는 아니에요. 저는 또 다른 인생의 책을 추천해줄 수 있어요. 우리만의 작은 문화를 만들어가는 거죠."

이곳을 방문한 사람들은 어떤 기억을 간직할까? 우아한 스타일도 화려한 상징도 없지만 많은 사람들의 생활터전이었던 곳에 책을 좋아하는 사람들, 책을 판매하고 싶은 사람들, 책과 함께 늙고 싶은 사람들이 필요에 의해 자원하여 모인 이곳. 거창한 기획 프로그램 같은 건 없지만 일상에서 가장 자연스러운 행위로 모인 사람들이 함께 연결되어 있었다. 맛있는 것이 있으면 음식을 나눠 먹으며 이야기를 나누고, 좋은 영화가 있으면 즉흥적으로 이웃들이 모여 영화제를 열었다. 차를 함께 마시고 싶으면 카페에 모이면 그만이다. 주인이 있지만 마치 주인 없는 카페처럼 운영한다. 때때로 이런 촌락과 건물은 평범하고 개성이 없어 보이다가도 문득 비범성을 보여주기도 한다.

지역 주민과 관이
궁리 끝에 협력하여
만들어낸 대안

물론 이곳도 처음부터 공동체의 중요성을 인식하고 행정당국이나 주민들이 스스로 마을 만들기에 나선 것은 아니다. 엄연히 있던 것이 점점 사라지는 모습에서 위기의식을 느끼고, 이를 극복해줄 사람이 더 시급하다고 생각했으리라. 비터펠트볼펜에는 거창한 문화유산이 있는 것도 아니고, 내세울 관광자원도 없다. 이런 어려움 앞에서 마을을 어떻게 살릴지 궁리한 끝에 나온 답이 책마을이라니. 사람들을 설득하고 끌어들일 수 있었던 힘은 무엇일지 궁금했다. 주민과 행정기관이 함께 지원책을 내놓았다는 이곳. 처음에는 농촌에 대한 고민에서 시작되었다고 한다.

"길 따라 들어오면서 보았겠지만 여긴 초록의 밀밭이 참 많아요. 수십 가구가 농사를 짓고 있어요. 그런데 농부만 있는 건 아니에요. 우리 같은 사람들도 있죠."

그녀의 말에서 지역에 대한 자부심 같은 것이 느껴졌다. 실제로 책마을은 농촌의 소외지역에서 출발한 경우가 많다. 특히 유럽의 책마을은 별다른 문화가 없는 농촌에서 농촌 재생사업의 일환으로 시작되었다. 비터펠트볼펜 책마을도 농촌의 문화를 풍요롭게 해줄 것이라는 기대에서 만들어졌다. 행정기관에서 지원할 수 있는 예산이 매우 적다 보니 돈이 적게 들면서 사람들이 문화를 중심으로 모이도록 할 수 있는 대안을 연구한 것이다. 책방 말고도 특용작물 전문점이나 골동품 가게, 장터 등의 선택지가 있었는데, 농촌엔 책방이 별로 없다는 점에 힘입어 책마을을 조성하게 되었다.

비터펠트볼펜 행정당국은 비어 있는 부지나 마을의 집과 가게 등 부동산을 사들이고 리모델링부터 들어갔다. 건물의 경우 있는 그대로를 최대한 살리는 식으로 공사를 했다. 그리고 책방 주인들이 임대를 유리하게 할 수 있는 지원책을 만들었다. 뿐만 아니라 책마을이 형성된 이후엔 정기적인 문화예술교육과 상담 및 홍보를 일정 기간 맡아서 진행했다.

그러나 꼭 특별한 이벤트 프로그램 진행을 강요하지는 않았다. 성과를 요구하지 않았다는 것이다. 실제 이곳을 찾는 사람들도 문화 프로그램보다는 고서와 희귀본, 주인장의 추천도서, 초록 대지의 자연환경 등에 호기심을 가진 사람들이었고 이들이 단골고객이 되었으며 그 수는 해마다 늘어나고 있다. 사방이 탁 트인 자연 속에서 책을 읽는 것은 도시와는 또 다른 풍경이었다.

우리나라에도 이런 시니어 공동체를 만들 수 있을까? 서울에서도 최근에 시니어 공동체에 대한 관심을 가지고 시니어 전문재단을 출범시켜 관련 부속기관을 설립한 것으로 알고 있다. 이곳은 시니어에 대한 생애주기 연구를 시작으로 다양한 교육 프로그램을 운영하는 것이 강점이다. 요즘에는 직장인으로서의 삶이 짧다는 것을 인지하는 사회 분위기여서 또 다른 새로운 삶을 준비하는 모습이 흔한 편이다. 그러나 여전히 그런 것은 경력이 단절된 사람이나 주부층이 참여하거나 돈이 많은 은퇴자들이나 할 수 있는 것이라는 편견이 있다.

전 세계적으로 고령화 시대를 맞아 시니어 정책이 넘쳐난다. 그러나 우리나라의 지원 정책을 보면 시니어가 직접 만들어가는 경우는 아직 다양하지 않은 게 사실이다. 그러나 분명 희망은 있다. 계획한 정책들이 현재진행형에 있고, 새로운 정책들이 연이어 나오고 있다. 시니어의 일자리와 문화에 대한 관심이 그 어느 때보다 높다. 책으로 연결된 공동체를 낳은 비터펠트볼펜은 그 한 사례로 귀감이 될 수 있지 않을까 생각한다.

| **인터뷰** · 미리암 카디오고(서점 주인) | **통역** · 김정현

"100의 90은 생기고 없어지는 작은 모임들일 수 있다. 함께 사는 길에 대해 간략한 매뉴얼을 만들자."

없어지는 커뮤니티들도 있을 수 있다. 새로 들어온 사람으로 인하여, 혹은 회비로 인하여 등 어떤 한 가지 사소한 이유로도 역사가 오랜 커뮤니티가 없어질 수 있다. 이 부분을 늘 염두에 두고 커뮤니티를 계속 이어나가기 위한 나름의 매뉴얼을 생각해보자.

- 구성원 모두가 특정한 비전이나 사명을 공통으로 협의한다. 함께 만들 수 있도록 퍼실리테이션 기법의 공동체 워크숍을 진행한다.
- 실천 핵심 그룹을 만들되 안건의 경우 만장일치로 진행한다.
- 중대 규모의 회비를 걷어 비용을 사용할 경우, 이해관계가 없고 공정한 집행이 가능한 제3자를 택하거나 모두의 만장일치 추천으로 선택된 내부자를 선택한다.
- 회의록을 비롯해 사소한 것부터 법, 재정 사항까지 서면으로 기록물을 남긴다.
- 새로운 그룹 혹은 개인 등을 모집할 때에는 기준을 만들어야 한다. 그 기준은 커뮤니티 비전과 가치에 맞는지, 공감력이 높은지 등 정서적 기능까지 모두 담아내도록 한다.
- 정기적으로 마음워크숍을 진행한다. 이성적으로 젠더나 인권 감수성이 높지만 실제 행동에서는 그렇지 않은 사람들이 많다. 비폭력대화를 기반으로 소외되는 사람이 없도록 분위기를 만들자.
- 권력관계는 없을수록 좋다. 사람들에게 안건을 설명해줄 수 있는 리더만 남긴다. 직급 체계를 만들지 않고 힘의 관계가 작용하지 않도록 하는 것이 중요한데, 모두가 회의에서 한 마디씩 난감한 사항이라든가 칭찬할 사항 등 다양한 건의사항을 발언하는 원칙을 만들어도 좋다.

15

독일 프랑크푸르트

————

프로보쿨타

————

&& 공유공간에서 토론과 관용의 문화를
만들어가는 사회주택 공동체 &&

한국만큼 아파트가 많은 나라가 또 있을까? 아파트에서 한 번도 살아보지 않은 나는 어릴 때 마냥 아파트는 좋은 곳이라는 이미지가 있었다. 부모님께 아파트로 이사하자고 조른 적도 있다. 이유는 하나, 바로 놀이터 때문에. 그 역시 나처럼 살아본 경험은 없지만 놀아본 경험은 있다고 한다. 공통적으로 둘 다 어릴 때 기억 속 아파트는 놀이터라는 등식이 있다.

그러나 어른이 된 지금의 나에게 아파트는 '구분짓기'라는 이미지가 더 강하다. 우리나라의 경우 아파트는 그 이름과 동으로 재산의 정도가 파악되는 낙인효과를 갖고 있다. 초등학생 사이에서 정부 임대 아파트에 사는 친구들을 휴거(휴먼시아 거지)라고 부르며 조롱한다는 기사가 화제가 된 적이 있고, 아파트 평수로 인해 모두의 놀이터가 빈부를 가르는 놀이터가 되기도 한다. 우리 사회에서 아파트는 빈부격차를 확인시켜 누구에겐 우월감을 누구에겐 열등감을 주는 공간으로 작용한다. 경제력 하나만으로 인간의 내적 가치는 철저히 무시되고, 우월한 경제력과 사회적 지위를 가진 사

프로보쿨타 전경. 미군이 거주하던 공관이 다양한 인종이 어우러지는 공동체 공간으로 탈바꿈했다.

람들은 그렇지 못한 사람들과 분리되는 것을 당연시하기도 한다. 아파트는 그들만의 리그를 만들어주는 성벽이 되어버렸다. 이런 수직 구조물에서 사람 냄새가 나도록 하는 방법은 정말 없는 것일까?

미군이 거주하던 공관이
다양한 인종의
공동체 공간으로

아파트 공동체의 선진 모델을 찾아보기 위해 방문한 프로보쿨타(Prowokulta)는 한국의 연립주택과 비슷한 형태였다. 4층 높이의 단지는 겉으로 보기엔 한국의 아파트와 크게 다르지 않았다. 서울과 별로 다르지 않은 대도시 프랑크푸르트에 있었지만 한적하고 조용했다.

공동체에 대한 안내를 받을 수 있는 사무실이 있을 거라 생각하고 주위를 서성거리며 찾아 헤매었지만 찾지 못하였다. 잠시 당황하여 어찌할 바를 모르고 있을 때, 벤치에 앉아 담소를 나누던 거주민들이 먼저 우리에게 말을 걸었다.

평일 오후 시간에 한가로이 볕을 쬐며 이야기꽃을 피우던 그들은 우리가 찾던 공동체의 구성원들이었고 낯선 동양인 방문객의 인터뷰 제안에 흔쾌히 응해주었으며, 이어 공유공간을 친절하게 안내해주었다.

우리와 이야기를 나눈 분들은 키라(10년 거주자), 틸(17년 거주자), 셰빌레(2년 거주자)로, 이곳을 방문하기 위해 멀리 한국에서 왔다고 하니 적잖이 놀라는 눈치였다. 홈페이지 어디에서도 찾아볼 수 없던 정보를 이들의 살아있는 구술을 통해 자세히 들을 수 있었다. 프랑크푸르트의 주거 프로젝트인 프로보쿨타의 역사는 20년이 훌쩍 넘었다. 이곳이 어떻게 만들어지게 되었는지 그 역사에 대해 먼저 물었다.

"여기는 독일이 동서로 나뉘어 있던 시절에 미군이 거주하던 공관이었어요. 독일이 통일되면서 미군이 떠났죠. 정부는 이 공간을 어떻게 활용할까 고민하다 가난한 대학생들에게 싼 가격에 임대를 해주었습니다. 싼 임대료는 지금도 유지되고 있어요. 현재는 총 112명이 거주하고 있습니다. 구성원은 매우 다양해요. 쿠르드족, 아일랜드인, 칠레인, 파키스탄인, 아프리카 난민, 독일인 등 다양한 인종이 어울려 살아가고 있습니다. 아, 한국인 노부부도 살아요."

프랑크푸르트의 비싼 거주비용을 생각하면 이곳이 처

음 정착하는 외국인들에겐 얼마나 감사한 곳일지 짐작이 갔다. 구성원들은 학자, 예술가, 장인 등 전문가에서 평범한 학생과 직장인까지 매우 다양했다. 하지만 그렇게 다양한 인종이 공동체를 만들고 협의하는 과정이 쉽지는 않았을 것이다.

"여전히 힘들죠. 그리고 이 아파트에 사는 사람들 모두가 공동체의 일원으로 참여하는 것은 아닙니다. 선택이에요. 한국인 부부는 공동체 회의에 참여하지 않아요. 그러나 우리 공동체 내에서 나온 이야기들은 전부 공유합니다. 회의를 해보니 모두가 공통적으로 아이들 교육에 관심이 많다는 것을 알 수 있었습니다. 그래서 아이들과 어른이 함께하는 프로그램을 주민이 스스로 기획하여 진행하는 것에 합의를 이루었죠. 아이들 교육을 공동체에서 공동으로 담당하는 거죠."

"아이들 교육을 가장 중요하게 여기는 특별한 이유가 있나요?"

"아이들은 부모의 선택으로 이곳에 있는 거잖아요. 아이들의 행복과 즐거움을 위해 어른들이 다 같이 노력하는 것은 당연한 일이라고 생각합니다."

우리나라 주거 공동체의 대표 격인 성미산 마을의 시작과도 닮아 있었다. 그곳도 어린이집을 함께 만드는 것에서 시작되었다. 생각해보면 전 세계적으로 어린이와 교육이라는 요소는 많은 사람들의 공통 관심사다. 어찌 보면 그것이 어떤 동기에서 시작되었는지는 사회 분위기에 따라 결정된다. 우리나라는 사교육에 변화가 오길 바라는 마음에서 시작했고, 어떤 곳은 아이를 주체로 보는 관점에서 시작되었고.

어린이 교육에 대한
관심이 다양한
커뮤니티 프로그램으로 발전

"커뮤니티 프로그램으로는 무엇이 있나요?"

"스포츠가 가장 많아요. 그중에서도 아이들에겐 프리스비가 인기가 많죠. 그 밖에도 직접 만지고 만들 수 있는 생태놀이터, 텃밭가꾸기, 함께 요리하기, 함께 차 마시기, 함께 드로잉하기, 함께 영화보기, 함께 전시회가기, 축제만들기 등이 있어요. 전직 운동선수가 여기 살거든요. 그가 스포츠를 가르쳐줘요. 전문성 있는 커리큘럼을 구성하고 있습니다. 매우 자랑스러운 일이죠. 아이들의 나이에 맞춰 프로그램의 난이도까지 조절해서 연령별 프로그램을 진행합니다."

"주민의 역량에 따라 프로그램은 계속 바뀌겠네요. 새로운 주민을 환영할 수밖에 없겠어요."

"맞아요. 주민이 할 수 있는 것을 서로 나누는 공동체이기도 하니까요. 매주 월요일과 목요일에는 요가수업이 있어요. 매주 일요일에는 각 집이 돌아가며 요리를 하고 음식을 함께 나눠 먹어요. 수많은 이야기를 나누죠. 매주 월요일과 수요일에는 프로보쿨타 카페를 운영하는데, 텃밭에서 가꾼 재료로 만든 케이크와 차를 팝니다. 이는 구성원만이 아닌 다른 사람들에게도 열려 있는 카페예요. 아직은 운영 인력의 문제로 정해진 요일에만 문을 열지만 향후 상시적인 카페로 운영할 예정입니다. 공동체의 수입원으로 발전시키고 싶어요. 저는(틸, 17년 거주자) 좀 판을 키우고 싶거든요. 그러려면 공동체원들의 동의가 필요해서 장기 계획을 세우고 있어요."

앞서 방문한 우파 파브릭의 경우 빵집과 카페 등을 자체적으로 운영하고 있었는데 그러한 형태를 계획하고 있는 것 같았다.

"노동까지 포함한 경제자립 공동체로 가려는 계획이 있습니다. 그러나 시간이 오래 걸릴 것이라 각오하고 있습니다."

상시적인 프로그램 외에 이벤트성 프로그램도 진행하고 있었다. 모든 주민에게 열려 있는 벼룩시장에서는 집에서 직접 만든 케이크를 팔고 공동체의 밴드가 공연을 하며 구성원 모두가 작은 것이라도 기여하려고 노력한다. 또한 매년 큰 거리축제를 여는데, 이는 어린이 축제라고 할 만큼 어린이를 위한 프로그램이 다양하다. 이 축제는 17년째 이어지고 있으며 500여 명이 참여한다. 축제를 다른 아파트 및 인근 이웃들에게 홍보하여, 프로보쿨타만의 울타리를 벗어나서 모두가 함께하는 축제로 성장하였다. 축제에서 예술가는 예술과 놀이를 융합하여 어린이를 위한 예술품을 만들고, 참여자는 모두가 함께 먹을 수 있는 음식을 만들어 식도락을 함께한다. 그들은 각자가 가진 재능을 나누어 함께 만드는 축제, 모두가 주인인 축제를 향유하고 있었다.

아파트 곳곳에 마련된
모두의 일상이 담긴
공유공간

작은 연립주택 공동체에서 축제를 여는 것도 놀라웠지만 더 놀라운 것은 주택 뒤편과 꼭대기 층에 마련한 공유공간이었다. 독일에서 나고 자란 통역자 지수 씨도 이런 것은 처음 본다며 신기해했다. 틸은 공유공간을 차례로 소개해주었다. 한국의 아파트에선 공유공간이라 하면 일반적으로 놀이터나 노인정 정도이지 않을까. 그러나 이곳은 달랐다.

틸의 안내로 처음 들른 곳은 아파트 뒤편에 있는 야외 공유공간이었다. 공유공간은 꽤 넓었으며 가운데 체리나무와 배나무를 중심으로 작은 나무와 풀들이 자라고 있었다. 큰 바비큐 테이블과 의자 옆에는 토끼와 닭 우리가 있었는데, 이는 아이들이 동물을 직접 만지고 겪으면서 따뜻한 감성을 가질 수 있도록 생태의식을 심어주기 위한 어른들의 배려였다. 잡초도 다른 식물과 함께 자랄 수 있게 가꾼 정원에는 채소를 재배하는 텃밭도 있었다. 마침 체리가 잘 익은 상태였는데 틸은 유기농이니 그냥 먹어도 된다며 권하였다. 아늑한 뒤뜰의 공유공간은 파티와 쉼, 놀이가 공존하는 곳이었다.

내부의 꼭대기 층에 있는 공유공간 또한 상상 그 이상이었다. 누군가 살고 있는 집을 소개받은 느낌이었다. 이곳에는 공유서재, 응접실, 부엌, 수면실, 회의실, 강의실, 영화관, 로비와 계단을 활용한 아틀리에, 게스트 룸, 하우스밴드실 등이 있었다. 크지 않은 연립주택에 이렇게 많은 공유공간을 둔다는 것이 참 놀라웠다. 자본주의 시스템에선 세입자를 더 많

1 집 뒤편에 있는 공유공간. 이곳에서 아이는 놀이를 하고 엄마는 일광욕을 즐긴다.

2 공동체원들은 아이들이 놀이터로 쉽게 접근할 수 있도록 주택 1층 창문에 미끄럼틀을 연결하였다. 아이들을 함께 키우는 주민들의 모습이 남다르게 느껴졌다.

3 누구든 따서 먹을 수 있는 체리나무와 배나무의 열매는 아이들이 놀다가 목마를 때 바로 먹을 수 있는 천연간식이다.

4 토끼와 닭 사육장은 아이들의 감수성을 위한 어른들의 배려다.

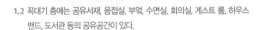

1,2 꼭대기 층에는 공유서재, 응접실, 부엌, 수면실, 회의실, 게스트 룸, 하우스 밴드, 도서관 등의 공유공간이 있다.

3 건물 내부 계단은 주민의 작품을 전시하는 전시공간으로 활용된다.

이 받아 수익을 올리는 것이 당연한데 그들은 삶의 질과 행복을 위해 기꺼이 정부에 목소리를 내어 정부로부터 그 공간을 얻어냈다.

"그게 프로보쿨타가 있는 이유라고 생각해요. 다행히 정부는 그런 목소리를 중요하게 생각하고요. 처음엔 공동체 원들의 공유공간으로 회의공간 정도를 생각했어요. 모두가 돈이 많든 적든 일상생활은 비슷하죠. 손님이 오면 아늑한 공간을 내주고 싶고, 같이 책을 읽고 싶고, 좋은 차를 마시며 세상 돌아가는 이야기도 하고 싶은 거잖아요. 아이디어를 모아 공유공간을 꾸미기 시작했습니다."

라이프 스타일엔 빈부가 없다. 가난한 사람이든 부자이든 관계 맺기에 필요한 공간과 도구는 같다. 공유공간이 필요하다는 공통된 의식을 가진 주민들은 그렇지 않은 주민들을 설득하기 위해 2주에 한 번씩 토론을 한다. 예전에는 1주에 한 번씩 했다. 토론 자리에서는 함께 살아가기 위한 의제를 던지고 치열하게 의견을 개진한다. 틸은 토론이 꼭 필요하다고 생각하는데, 토론을 통해 서로에게 관심을 갖고 이야기하려는 노력이 이루어지기 때문이란다.

토론을 위해 커뮤니케이션 전문강사를 초청해 훈련을 받고, 3일 동안 15시간 과정의 커뮤니케이션 훈련 프로그램

1 공유공간의 복도는 마을 사람들의 활동사진으로 가득하다.

2 주택 맨 위층 공유공간의 한 게시판에는 문화예술에 관한 정보가 모아져 있다.

3 공동체원들이 오가며 담소를 나눌 수 있는 공간

을 기획하여 이웃과 함께 강의를 들은 적도 있다. 이곳의 의사결정은 다른 곳과 마찬가지로 모두 만장일치제로 한다.

공동체원들은 정치 활동에 대해서도 함께 목소리를 낸다. 한 예로 독일 정부의 신재생에너지 정책을 지지하는 성명을 공동체 이름으로 내고 탈원전 시위에 주민 모두가 참여했다고 한다. 독일은 공동체를 적극 권장하고 그들의 정치 활동에 대해서도 긍정적이다. 무엇보다 공동체의 목소리가 수용되는 경험이 많아질 수 있도록 정부 스스로 노력하는 편이다. 이런 까닭에 오히려 독일에서는 정치적, 사회적 의식이 없는 사람을 비난하고 무시할 정도로 그것을 매우 중요한 시민의 덕목으로 여긴다.

이런 사회 분위기는 한국에도 꼭 필요하다. 정치혐오감을 갖고 정치를 멀리하기만 해서는 공동체가 발전하지 못할 것이다.

"공동체에서 가장 중요한 게 뭐라고 생각하시나요?"

"자본주의 체제 내에서도 충분히 사회주의의 가치를 보여주는 거요. 관용이라고 말할 수 있는데, 그것이 사람과 사람 사이에 연결 통로로 작용한다면 커뮤니티는 정말 쉽게 만들어진다고 생각해요. 커뮤니티에서 가장 중요한 가치는 사람과 관용입니다."

우리는 틸이 말한 관용의 개념에 대해 깊이 생각해봐야 한다. 《나는 파리의 택시운전사》를 쓴 홍세화 작가는 관용을 종교나 사상이 달라도 그 차이 자체를 그대로 받아들이는 자세라고 말하였다. 우리 사회는 아직 아랫사람의 생각을 부족한 경험에서 오는 미숙함으로 치부하고 그 생각과 의견을 무시하곤 한다. 잠시 눈을 감고 직장에서 경험한 회의 과정을 떠올려보자. 직급에 따라 다과나 회의 자료를 준비하는 등 허드렛일을 하는 사람은 따로 정해져 있다. 회의가 시작되면 직급 순으로 발언을 하고 윗사람이 낸 의견에 반대의견을 낼수 없다. 반대의견은 곧 하극상이라 받아들이는 분위기 때문이다. 이런 권위적인 토론문화는 한국사회 전반에 깊이 뿌리박고 있다. 계급, 나이 등 어떤 방식으로든 서열을 나누는 것과 그 서열에 근거한 권위의식이 널리 퍼져 있다.

탐방을 이어갈수록 우리는 가장 기본적인 것을 잊고 있었던 건 아닌지 곱씹어보게 되었다. 정말 쉬운 것을 그동안 어렵게 생각하고 있지 않았나. 평등, 관용, 존중, 관심 등 이 모든 것은 우리가 이미 알고 있는 답이다. 공동체는 인간을 존중하는 방법을 다시금 확인하는 것임을 탐방을 통해 새삼 깨달았다.

| **인터뷰** · 키라, 틸, 셰빌레(거주자) | **통역** · 지수

"커뮤니티는 결핍에서 시작된다. 그렇기 때문에 내가 무언가 부족하다고 느낀다면 다른 사람들도 그러하다는 것을 알아야 한다."

커뮤니티가 너무 인위적이라고 생각하는 사람도 많다. 도시의 코하우징 커뮤니티, 대학교 근처의 학생 주택협동조합, 그리고 전원지역에서 지속 가능성을 추구하는 귀농 커뮤니티들이 모두 그런 비판을 받기도 한다. 그러나 비판 속에서도 굳건한 커뮤니티들은 공통점이 있다. 바로 결핍을 함께 나누고 있다는 것. 왜 함께 모여 있는지에 대해 설명할 수 있고, 왜 관계 맺기를 하려고 하는지 그 이유를 결핍에서 찾는다. 커뮤니티는 나에게 부족하고 당신에게 부족하다는 서로의 결핍을 아는 것에서 시작된다. 촉각을 곤두세우고 현재 무엇이 부족한지, 그것은 꼭 필요한 것인지 보편 가치에 기반을 두고 이야기 나눠보자.

"공유공간에 대한 창조권을 요구하여 공유경험을 확대하자."

공유공간에는 이용할 수 있는 이용권만이 아닌 꾸미고 가꿀 수 있는 창조권도 있어야 한다. 우리나라의 아파트에서 제공하는 공유공간인 놀이터, 정자 등을 생각해보면 이용권은 있지만 우리의 입맛에 맞게 바꿀 수는 없다. 아파트 정원에 내가 좋아하는 꽃, 나무 한 그루 심을 수 없다. 심지어 들어가지도 못하는 잔디밭이 수두룩하다. 제공되는 범위 안에서만 이용할 수 있는 수동적인 이용권만 있다. 세상에 불필요한 공간은 없다. 같은 건물에 사는 사람들 사이에 더욱 활발하게 상호작용이 일어날 수 있도록 이런 창조권이 주어진다면 프로보쿨타 같은 공유공간이 탄생할 수 있을 것이다.

퓌 뒤 푸

————

> **"**지역 주민과 함께하는
> 커뮤니티형 테마파크**"**

번잡한 파리를 떠나 찾은 역사의 도시 방데. 우디 앨런 감독
의 영화 〈미드나잇 인 파리〉를 보고 환상에 사로잡혔던 우리
가 실제 겪어본 파리는 명화를 원본 그대로 감상할 수 있다
는 것 말고는 크게 와 닿지 않는 도시였다. 화려하지만 여유
가 없는 서울과 비슷했다. 인간의 품위는 여유에서 결정된다

고 믿는 우리에게 파리는 풍요 속의 빈곤이었다.

그런 파리를 떠나, 프랑스 서부에 있는 방데의 퓌뒤푸 (Puy Du Fou) 테마파크로 가기 위해 테제베 열차를 탔다. 피로가 쌓였던 파리를 떠난다는 기쁨이 무엇보다 컸다. 우리는 먼저 퓌뒤푸로 가는 전용 셔틀버스가 있고 도서관도 둘러볼 수 있는 앙제라는 도시에 머물기로 했다. 운이 좋게도 숙소는 앙제의 유서 깊은 한 귀족 가문의 집으로, 영화에서만 보던 프랑스의 고풍스런 가구와 옷들을 직접 볼 수 있었다.

지역의 아픈 역사를
문화예술 콘텐츠로
승화

퓌뒤푸가 있는 방데 지역은 18세기 프랑스 혁명 당시 혁명군에 저항한 사람들의 연합군이 있던 지역이다. 이러한 혁명군과 연합군의 갈등을 이른바 '방데 반란' 혹은 '방데 전쟁'이라고 부른다. 우리나라로 치면 대구와 비슷하다고 할 수 있을까. 상당히 보수적인 동네였다.

퓌뒤푸는 당시 급진적인 혁명 사상에 저항하여 농민들을 주축으로 반혁명운동이 벌어졌던 지역이다. 이후 혁명군이 승리함으로써 방데 전쟁에 가담하거나 그 가능성이 조금이라도 있는 자는 남녀노소를 가리지 않고 사형을 당했다. 그 당시 목숨을 잃은 사람은 방데 인구의 30퍼센트인 25만 명에 이른다. 자료마다 처형당한 사람 수가 다르지만 어린아이, 여성, 노인, 젖먹이 아기까지 무차별적으로 처형이 이루어진 아픈 역사를 간직한 곳이다. 그래서 한편으로 이곳은

반란 지역으로 낙인 찍혀 숨죽여 살아야 했던 방데 사람들은 퓌뒤푸 테마파크를 통해 아픈 역사를 다크투어리즘으로 승화했다.

3부 _ 마을에서 생활을 연대하는 시민 커뮤니티

시민 중심의 민주주의 공화제를 이룩했다는 프랑스인들의 자부심에 가리워진 또 다른 이면으로 비춰진다.

퓌뒤푸는 반란지역으로 낙인 찍혀 이곳 주민들은 오랫동안 역사의 패자로 살아야 하는 등 패배의식이 짙은 음울한 동네였다. 그러나 아픈 역사를 숨기지 않고 문화예술로 승화시켰고 이는 다크투어리즘의 우수사례로 꼽힌다. 지역의 아픔과 역사를 콘텐츠로 하여 매년 많은 유럽인들이 관광하기 위해 몰려든다. 실제로 2004년 테마파크 이용객에 관한 통계에서는 유럽에서 가장 인기 있는 테마파크로 디즈니랜드만큼 명성 높은 곳이 되었다.

지역민 중심의
자원활동가 문화예술공동체,
시네세니

퓌뒤푸를 한마디로 정의하자면 놀이기구 없는 농촌테마파크 같다. 드넓은 숲속에는 프랑스혁명 당시 농촌마을을 재현해 놓았다. 휘황찬란한 디지털 기술이 집약되어 있는 요즘의 테마파크와는 분위기가 전혀 다르다. 퓌뒤푸의 뿌리가 되는 대규모 공연인 시네세니(Cinéscénie)는 지역 주민들이 대거 참여하는 독특한 운영체계를 갖고 있다. 철저히 상업적 냄새가 나는 테마파크 이미지와는 다르다. 시네세니는 영화를 뜻하는 시네(Ciné)와 공연, 쇼를 뜻하는 세니(Scénie)의 합성어로, 움직이는 공간이라는 의미를 가지고 있다. 이 공연은 1979년 방데 출신의 청년 필립 드 빌리에가 제안한 것으로, 퓌뒤푸에 있는 오래된 성을 활용한 야외부대를 배경으로 한다. 5월부터 9월까지 총 28회 공연을 하는데, 방데 반란의 내용을 다루고 있다.

1,500명 이상이 참여하는 대규모 공연으로, 기술력과 예술성이 뛰어날 뿐 아니라 출연진 및 스태프 대부분이 지역 주민이자 자원활동가다. 시네세니는 운영주체 면에서 특수성을 띠고 있는 것이다. 기업이 이윤을 위해서 만들고 직접 운영하는 일반적인 테마파크와 비교할 때 매우 특별한 경영 방식이다. 이 부분을 좀 더 자세히 알고 싶어 인터뷰를 요청했다. 앙제로 돌아가는 차 안에서 운이 좋게도 직접 운전을 해준 직원 세비와 많은 이야기를 나눌 수 있었다. 당일로 왔다 돌아가는 관광객이 우리 둘뿐이어서 수월하게 그와 대화를 할 수 있었다.

1,2,3 퓌뒤푸는 역사 속 사건을 재현한 19개의 크고 작은 공연장으로 구성되어 있다.

4 공연이 이루어지는 공연장은 그 자체로 거대한 어트랙션이 된다. 무대 전체가
회전하기도 하고 불에 타거나 물속으로 사라지기도 한다.

5 여느 수목원보다 더 큰 녹지가 조성되어 있어 공연을 관람하다가 자연 속에서
여유를 가질 수 있다.

"여기서 어떤 일을 하고 있나요?"

"테마파크가 쉴 때는 아카데미 지원을 맡고요. 주로 소속 직원이나 시네세니 자원활동가들 지원을 합니다. 지금과 같이 바쁜 성수기엔 전체 운영을 지원하는 역할을 하죠."

"우리는 이곳을 커뮤니티형 테마파크라고 여겨 방문했어요. 시네세니의 운영방식 때문에요. 그렇게 볼 수 있을까요?"

"퓌뒤푸는 앙제에서 방데에 이르는 지역의 주민들과 함께 만들었다고 볼 수 있어요. 지금처럼 퓌뒤푸가 넓은 대지에 있게 된 것도 시네세니 공연 덕분이에요. 지역과 함께한 시네세니로 인해 이곳이 알려졌죠. 지역 조직이 없었다면 시네세니도 없었을 거예요. 이곳에서 커뮤니티는 매우 중요한 역할을 했어요. 새로운 관점이지만 커뮤니티형 테마파크라고 말할 수 있겠네요."

"넓은 대지라고 하면 시네세니가 성공한 뒤에 생긴 그랜드파크를 말하는 건가요?"

"맞아요. 시네세니가 먼저 만들어지고 그 이후에 파크가 생겼죠."

시네세니가 성공을 거둔 후 시네세니에 참여하는 자원활동가들을 회원으로 하는 퓌뒤푸협회가 만들어졌다.

"협회가 만들어진 연유는 시네세니의 성공 덕분이에요. 시네세니 공연이 성공하면서 자원활동가들의 의견이 더 잘 반영되는 것이 필요하다는 의견이 많이 나왔어요. 그래서 자발적으로 협회가 만들어진 겁니다. 현재는 회원이 3,500명 정도 있어요. 협회법이 따로 있을 만큼 탄탄하게 운영되고 있어요."

"퓌뒤푸협회는 어찌 보면 시네세니 커뮤니티라고 볼 수 있겠네요?"

"네, 맞습니다. 아주 강력하죠. 저희도 존중하고요."

시네세니의 성공으로 퓌뒤푸는 대규모 부지를 확보해 그랜드파크를 개장하였다. 그랜드파크는 프랑스 역사 속 사건을 그대로 재현한 19개의 크고 작은 공연장으로 구성되어 있다. 시네세니를 제외하고 나머지 소규모 공연장은 전문 배우들로 운영된다. 넓은 대지에 있는 각 공연장에선 지정된 시간에만 공연을 하기 때문에 공연 시간표를 보고 관람 일정을 미리 잘 짜놓아야 더 많은 공연을 즐길 수 있다.

시네세니 커뮤니티는 그랜드파크와 함께, 초등학교와 연계하여 예술 연구에 자금을 지원하기도 하며 주니어 아카데미 프로젝트도 진행한다.

퓌뒤푸의 뿌리가 되는 대규모 공연인 시네세니. 지역의 주민들이 대거 참여하는 독특한 운영체계를 갖고 있으며, 자원활동가로 구성된 협회는 지역의 문화예술교육을 지원하는 등 수익을 지역사회에 환원하는 특별한 경영방식을 띠고 있다.

지역민 모두가
예술가가 되는
문화예술교육 프로그램

　　지역민을 모두 잠재된 예술가로 보는 이곳은 문화예술
교육 프로그램도 매우 특색 있다.

　　"우선 기본 원칙은 자발적인 참여예요. 성수기에는 휴
가를 반납하면서까지 공연과 운영에 참여해요. 제 생각엔 아
픈 역사를 공유하는 공감대가 크게 작용한 것 같아요. 주민
주도의 자율 경영을 중시하는 점과 수익의 상당 부분을 지역
사회에 환원한다는 점을 많이 강조했어요. 초창기엔 주민설
명회를 많이 가졌고요. 많은 주민을 끌어들이기 위해선 공신
력이 있는 지자체를 설득하는 것도 중요했지요. 그래서 지자
체를 설득하는 일부터 시작했어요. 다행히 방데 당국이 적극
동의하고 주민과 만날 수 있게 홍보도 해주었습니다."

　　"시네세니 커뮤니티가 중요하게 생각하는 것이 또 있나
요?"

　　"주니어 아카데미라는 것을 열게 한 주축이었습니다.
이 지역에는 초등학생과 청소년이 상당히 많은 편이에요. 그

래서 지역의 청소년에게 문화예술교육을 무료로 제공하자는 의견이 많았어요. 시네세니 공연을 보여주고 참여하고 싶은 아이들이 있으면 시네세니 교육까지 받을 수 있도록 하죠. 어른들과 함께요. 체계적으로 진행하고 있어요."

시네세니가 성공한 이후엔 자체 기술을 개발하는 예술교육 전문학교도 설립했단다. 해마다 600명 이상이 예술교육 수업에 참가하며 무료로 진행된다.

"물론 수업을 포기하는 사람들도 있어요. 생업이 바빠서요. 연습이 부족하다는 등의 이유로 본 공연에 오르지 못하는 사람들도 있지요. 그러나 시기의 차이일 뿐 대부분 역량이 높아집니다. 일정 과정을 수료하고 나면 시네세니에 참여할 수 있는 자격이 부여되지요."

"지역 주민 모두가 예술가가 되는 거네요."

"맞아요. 프랑스에선 사람은 누구나 예술가의 기질이 있다고 생각하죠."

예술교육 전문학교에는 의상, 연극, 무용, 그림, 조명, 장식 및 액세서리, 승마, 곡예비행, 사진, 비디오, 쇼맨십, 애완동물 길들이기, 플라멩코 등 29개의 커리큘럼이 있다. 그랜드파크의 운영과 공연에만 전문배우와 직원을 배치하여 운영하며, 시네세니 공연에는 자원활동가를 참여시킨다. 퓌

——— 제빵 장인은 중세시대의 장비와 기술로 직접 빵을 만드는 모습을 보여준다.

뒤푸는 계절상의 이유로 4월부터 9월까지만 운영하는데 이 기간에는 4,000여 명이 운영에 참여하며, 운영하지 않는 기간에는 300여 명의 직원이 기술적인 부분의 유지보수와 공연에 참여하는 동물들을 조련하며 개관 준비에 전념한다.

기억 공동체로서
작용하는
시네세니 커뮤니티

"여기 사는 주민으로서 자부심을 느끼나요?"

"방데의 모든 시민들은 퓌뒤푸에 자긍심을 가지고 있어요. 퓌뒤푸는 방데의 정체성 그 자체입니다. 아픔을 함께 치유하죠. 그리고 역사에 대한 참여자 각각의 감정도 수렴하여 표현해요. 우리가 혁명군에게 한 행동을 함께 기억하는 장치도 되죠."

"기억 공동체이기도 한 거네요?"

"그렇게 말할 수도 있겠네요."

힘주어 말하는 세비에게서 퓌뒤푸의 일원으로서 갖는 자부심이 느껴졌다.

이곳의 가장 큰 성공비결은 지역의 정체성을 문화적으로 잘 풀어낸 것과 일정 이익을 사회에 환원하기 위해 주민과 접점을 찾아낸 데에 있다. 우리나라에서는 문화관광 시설에서 생기는 수익이 특정 상인과 외부에서 들어온 기업에게 돌아가는 경우가 많다. 그럴 경우 주민의 참여가 저조하게 되고 주민이 주체가 아닌 객체로 전락된다. 주민의 삶을 개선하는 것에 대해 고민하는 과정을 놓치지 말아야 하겠다.

　우리나라에는 아직 퓌뒤푸에 대한 정보가 부족한 편이라 그런지 탐방을 다녀오고 나선 종종 지인들에게서 문의를 받았다. 실제 겪어보니 우리 역시 정보에 대해 아쉬운 점이 많았다. 퓌뒤푸에서는 적어도 1박 내지 2박 정도 묵을 것을 적극 추천한다. 테마파크의 규모가 워낙 커서 같은 시간대에 진행하는 공연이 있는데, 어쩔 수 없이 포기해야 하는 것들이 너무 아깝기 때문이다. 하루에 모든 공연을 관람하는 것은 불가능하므로 일정을 넉넉히 잡고 며칠 숙박을 하며 관람할 것을 추천한다.

　그러려면 퓌뒤푸 내의 숙소나 셔틀버스가 다니는 근처에서 묵는 게 좋다. 그리고 셔틀버스와 입장권은 인터넷에서 미리 예약하자. 더 저렴하기도 하지만 무엇보다 셔틀버스의 경우 예약자의 인원에 따라 차종이 달라지기 때문이다. 당일에 예약자가 꽉 차면 탈 수 없는 일도 생긴다. 버스는 배차간격이 길어서 가능하다면 렌트카를 이용하는 것도 추천한다.

　그리고 더 중요한 것이 있다. 유럽의 역사와 프랑스의 역사 및 방데라는 지역의 역사를 공부해 가자. 프랑스어를 몰라도 연기만으로 충분히 역사를 이해할 수 있지만 알고 가

――――― 퓌뒤퓌의 가장 큰 성공비결은 지역의 정체성을 문화적으로 풀어낸 것과 이익을 사회에 환원하기 위해 주민과 접점을 찾아낸 것에 있다.

면 더 큰 재미를 느낄 수 있다. 시네세니 공연 날짜도 정해져 있다. 홈페이지나 SNS에 사전 공지되므로 일정을 짤 때 시네세니를 기점으로 잡는 것이 매우 중요하다. 성수기인 휴가철은 매진인 경우가 많으니 반드시 시간 여유를 두고 미리 예약해야 한다.

| **인터뷰** · 알리나 세비(직원) | **통역** · 김정현 |

"공동체는 자신들이 어느 지역에 있는지 인지해야 한다. 지역의 특수성을 알아가자."

공동체원은 지역을 뛰어넘어 모이기도 한다. 그러나 공동체가 활동할 지역에 대한 공부는 매우 중요하다. 디즈니랜드를 만든 월트 디즈니는 지금의 디즈니랜드가 있는 지역에 쓰레기와 술병이 너무 많이 나뒹구는 것을 보고 아이들이 안심하고 놀 수 있는 공간의 필요성을 느꼈다. 그래서 그곳에 디즈니랜드라는 테마파크를 만들었다. 공동체 구성원과 모여 앉아 지역의 특수성을 알아보자. 분명 몰랐던 문제를 발견하고 공동체 활동에 생기를 불러넣을 동기를 찾을 수 있을 것이다.

"커뮤니티 지속성의 핵심은 결국 내가 치유되는 것이다. 함께 웃기 위한 준비를 하자."

경찰 바람맞히기, 펑크록과 엔카를 번갈아 틀어가며 경찰의 혼을 쏙 빼놓는 사이에 구호 외치기 등 실로 적들을 혼비백산하게 하는 기발하고도 배꼽 잡는 시위를 기획하는 공동체가 일본에 있었다. 인생에서 결국 중요한 것은 유머라는 독일의 책방 할머니처럼 함께 웃을 치유 활동을 계획해보자. 우리 모두의 인생에 웃음이라는 요소를 불어넣기 위해 함께 노력하자.

포르투갈 포르투

바이후 두스 리브루스

❝서점상인 커뮤니티와 마을축제❞

바이후 두스 리브루스(Bairro dos Livros)는 포르투 구도심의 30여 개 서점들이 함께 모여 지역 친화적이고 감성적으로 동네를 새롭게 인식해보자는 취지에서 기획한 것이다. 바이후(Bairro)는 포르투갈어로 '구역'이라는 뜻인데, 특색 있는 지역 커뮤니티 그 자체를 의미하기도 한다. 그러니 바이후 두스 리브루스는 서점동네, 책마을 등으로 해석하는 것이 이곳 특성과 가장 맞다.

"우리는 지역으로 이동합니다"
의제를 공유하는
책마을

2012년 4월, 이곳은 보수와 진보 이념을 넘나드는 다양한 내용으로 구성된 책 축제를 열었고, 이를 통해 알려지기 시작했다. 처음에는 컬처프린트라는 문화기관과 함께 준비했는데, 서점을 통한 지식 공유와 책마을로서의 이미지를 부각하는 등 서점 간 네트워크에 초점을 맞춘 문화 프로그램으로 구성하였다.

그러나 중요한 것은 책 축제 이전에 서점 상인들의 커뮤니티가 만들어졌다는 점이다. 이를 발판으로 책 축제를 함께 기획하였고 첫 행사에는 출판유통회사, 그래픽 회사 등이 동참하였다. 매월 둘째 토요일마다 독서를 촉진하기 위한 문화예술 프로그램을 운영한 것이 책 축제의 전신이다. 참여

바이후 두스 리브루스는 30여 개 서점이 모여 시작한 것으로, 각 서점에는 사진에 보이는 것처럼 바이후 두스 리브루스의 공동체원임을 인증하는 마크가 있다.

가능한 서점의 범위를 따로 정하지 않아서 관심 있는 서점이라면 누구든 참여할 수 있지만 '우리는 지역으로 이동합니다'라는 의제에 동의해야 한다.

　책을 둘러싼 환경에 대해 고찰해보는 '독서는 위험하다'는 주제의 포럼을 시작으로, 그동안 '독서는 안전하다', '역사와 지시', '뮤지컬 노래 책', '브라질리아의 어제와 오늘', '시인이 필요하다', '책은 로맨스다', '그림책의 부드러움', '마지막 질문 만들기', '여자 읽기', '습관적 쓰기', '독재 반대', '문학여행' 등 매우 다양한 주제로 포럼과 캠페인을 진행하였다. 책마을을 조성한 이후엔 포르투갈 국립조폐국과 포르투 음악도서관도 참여하는 등 공공기관의 관심을 받기도 하였다. 포르투 시에서는 이곳에 출판과 연관된 다양한 공간을 조성하여 새로운 출판문화 커뮤니티를 만들고 싶다는 의지를 보였다. 그러나 무엇보다 활동성과 지속성에 큰 기여를 한 것은 서점상인 커뮤니티였다.

서점상인 커뮤니티에 대한 설명에 앞서 '렐루와 그 형제' 서점을 빼놓고는 이야기할 수가 없다. 바이후 두스 리브루스의 중심에 있는 서점으로, 이곳에 있는 한 직원을 주축으로 서점상인 커뮤니티가 만들어졌기 때문이다. 렐루 서점은 1869년에 문을 연 '에르네스토 샤르드롱'이라는 서점에서 시작되었다. 워낙 유럽 전역에서 인지도가 높았던 서점이어서 지금까지도 렐루 서점과 샤르드롱 서점이라는 이름이 함께 사용되고 있다. 이곳으로 유명한 현대문학 작가들의 작품이 배포되고, 문학가들의 커뮤니티가 형성되면서 명성이 높아졌다. 또한 이곳은 유럽에서 아름다운 서점으로 늘 꼽히는 곳 중 하나다. 포르투에 영어교사로 머물던 조앤 롤링이 해리포터 작품을 구상하는 데 영감을 준 서점으로도 유명하다.

관광객이 너무 많이 방문해 입장료를 받을 정도로 포르

렐루 서점. 이곳 직원을 중심으로 바이후 두스 리브루스가 만들어졌다. 이 서점은 이 지역에 영어 교사로 머물던 조앤 롤링이 해리포터를 구상하는 데 영감을 준 곳이다. 천장에는 '노동의 존엄성(Decus in Labore)'이란 문구가 새겨져 있다.

투의 주요한 관광지가 되었지만 지역에 뿌리를 두고 책방이 지탱해온 역사성을 잃지 않으려고 서점상인 커뮤니티에 많은 기여를 했다. 가장 잘나가는 서점이면서 동시에 다른 서점들과 상생하려는 노력을 보여준 서점이다. 이곳을 중심으로 다양한 서점들이 모이기 시작했다.

문을 닫는 서점이
계속 생기지 않기 위함,
뭉치기

우리는 서점상인 커뮤니티가 무엇보다 궁금했다. 그래서 바이후 두스 리브루스에 대한 좀 더 현실감 있는 이야기와 최근의 현황에 대해 들어보기 위해 서점상인 커뮤니티에 참여하는 서점 한 곳을 골라 인터뷰를 요청했다.

우리에게 이야기를 들려준 분은 '모레이라 다 코스타' 서점 주인인 미구엘 씨였는데, 116년 된 건물에서 아버지에 이어 8년째 운영하고 있었다. 미구엘 씨는 영국에 사는 한국인 부부가 방문하여 책을 사고 감사의 표시로 직접 자신을

1 1902년에 건립되어 116년의 역사가 깃든 곳에서 5대째 운영하고 있는 모레이라 다 코스타 서점

2 역대 서점 주인들. 모레이라 다 코스타 서점은 작은 중고서점이지만 가업으로 이어가고 있다.

그려줬다며 드로잉 그림을 보여주었다. 그 종이엔 한국어로 "감사합니다, 아저씨."라고 적혀 있었다. 그는 '아저씨'라는 말의 뜻을 정확히 알고 있었다. 미구엘 아저씨는 해맑게 웃으며 우리에게도 상당히 호의를 보여주었다.

"바이후 두스 리브루스를 책마을이라고 봐도 될까요?"

"네. 그렇게 부를 수 있죠. 서점상인 커뮤니티가 만들어진 건 5~6년 전 서점이 침체되고 계속 문을 닫는 서점들이 생겨나면서부터예요. 위기를 함께 극복해야 한다는 말들이 많이 나왔죠. 우선 모였어요. 우리에게 무엇이 문제인지 찾아보려고 했죠. 그래서 존폐 위기에 있던 서점의 상인들이 다 같이 컨설팅을 받았습니다. 그 결과 서점상인 커뮤니티가 탄생하게 되었어요."

"컨설팅 내용은 무엇이었나요?

"홈페이지 하나 없는 서점들이 많았죠. 아무래도 역사가 오래됐으니까요. 서점 주인들이 좀 더 활발하게 활동할 것을 권해주었어요. 컨설팅을 받은 후 큰 기여를 한 사람이 렐루 서점에서 일하는 카트리나예요. 그녀가 없었다면 서점상인 커뮤니티도, 이런 책마을도 없었을 거예요. 그녀가 주도적으로 서점들의 공동체를 만들기 위해 노력했어요."

"예를 들면 어떤 노력을 했나요?"

"웹디자이너 출신이라는 장기를 살려 홈페이지와 페이스북을 모두 직접 만들었어요. 바이후 두스 리브루스 홈페이지도 그녀가 만들었죠. 그리고 주도적으로 정기적인 회의와 활동을 함께할 것을 서점 주인들에게 제안하였습니다. 그렇게 사전에 회의를 꾸준히 하면서 책 축제가 탄생하게 된 겁니다".

서점 주인들은 이 과정을 통해 '뭉치면 힘이 세진다'는 것을 체득하고 커뮤니티 활동에 적극 참여하였다.

지금도 서점마을의 콘텐츠를 마련하기 위해 한 달에 한 번씩 만나 회의를 한다. 별도의 운영주체가 있는 것은 아니고 서점 주인을 비롯하여 서점 직원들이 자유롭게 참여하여 아이디어를 제안하고, 운영하면서 힘든 점이나 고민 등 일상에서 느끼는 감정도 공유한다.

뿐만 아니라 서점끼리 장서를 공유한다. 예를 들자면 대학 전공도서 전문서점이라든가 만화 전문서점, 어린이 그림책이나 종교 전문서점, 간행물(잡지) 전문서점 등 한 분야로 특화된 서점들은 물론이고, 다양한 분야의 책을 갖추어 놓는 종합서점도 서로 장서 정보를 공유하고 있어서 어떤 가게에 무슨 책이 있는지 대략 알고 있다. 그래서 어떤 주제의 책을 이용자들이 찾으면 자기네 서점에 없어도 보유하고 있

만화를 주제로 특화된 서점. 이곳 서점들은 서로 다른 서점의 장서정보를 공유하면서 필요한 때에 다른 서점을 추천해주는 등 상생의 문화를 이루고 있다.

바이후 두스 리브루스의 서점상인 커뮤니티에 속한 서점. 이곳 서점들은 대부분 소박하다. 각 서점의 정체성에 맞는 책만을 취급하기에 대규모일 필요가 없기도 하다. 최근 한국에서도 유행처럼 번지고 있는 전문서점과 비슷하다고 생각하면 된다.

는 다른 서점을 추천해주는 서비스를 할 수 있다. 다시 말해 다른 서점을 생각하는 상생의 문화가 자리 잡고 있다. 어떻게 보면 오프라인 방식의 공동체 간 유대에서 비롯되는 입소문 유통체계를 갖고 있는 것이다.

이처럼 서점상인 커뮤니티가 현재까지도 잘 이루어질 수 있었던 것은 상생하는 구조, 즉 근거리에 있지만 상권의 충돌이 직은 구조이기 때문이다. 헌책은 개별적으로 수집해서 공급을 하는 것이다 보니 각각의 서점이 구비하고 있는 책들이 서로 다르다. 조건이 이러하니 서점들이 서로 가까이에 있으면서 다 같이 상생하며 원활하게 돌아가는 것이다.

서점상인 커뮤니티가 만들어진 이후로 매출에는 어떤 변화가 있었을까?

"특별히 매출 면에서 달라진 것은 없어요."

우리가 미구엘 씨를 만나기 전에 방문한 '팀팀서점'의 주인은 서점상인 커뮤니티에 참여하지 않는다고 했다. 그 이유를 물어보니 기획회의에 참여하고 책임 있는 행동을 하다 보면 오히려 서점 고유의 활동에 집중하기 힘들어서 그렇다고 한다. 미구엘 씨는 어떤 마음으로 이 커뮤니티에 참여하는지 궁금했다. 팀팀서점 주인의 생각에 동의하는지.

"동의는 합니다. 공동체를 결성하였다고 매출로 바로

연결이 되진 않죠. 책임은 많아지고 매출엔 변화가 없다는 말이 맞습니다. 현실적으로는 그래요. 그러나 상인들끼리 결속력이 높아졌다는 게 큰 변화예요. 이전에는 매우 개인적이었어요. 각자 생존을 해결할 길을 찾아 나섰습니다. 옆집 서점이 문을 닫으면 위기의식은 개인의 몫이었어요. 그러나 서점상인 커뮤니티가 만들어진 이후로는 우리끼리 장터를 기획하는 등 활동영역이 넓어졌습니다. 자연스럽게 서점의 중요성을 알릴 수 있는 기회도 생겼고요. 계속 목소리를 내고 있으니 변화가 올 거란 기대를 가지고 있어요. 실제로 포르투 시에서는 문화예술 프로그램 활성화 명목으로 책 축제 관련 예산을 지속적으로 지원해주고 있고요. 그리고 우리의 커뮤니티는 협동조합은 아니에요. 각자의 고유성을 지키면서 회의를 하죠. 이것마저 하지 않으면 대부분의 서점은 분명 문을 닫았을 거예요. 지금과 같이 개인주의적인 서점도 있고 공동체주의적인 서점도 있는 것 자체가 변화를 모색한 덕분입니다. 그래서 저는 바이후 두스 리브루스에 고마움을 느껴요. 카트리나 같은 사람이 계속 나오길 기대해요."

"그게 바로 미구엘 아저씨 당신일 수도 있겠네요."

"저야 영광이죠. 함께 뭉치는 것도 한 방법이라는 것을 우리는 다 알고 있어요."

책공간은 네트워크를 위한 최적의 공간이고, 서점 주인은 이 시대에 필요한 사람

우리는 더 자세한 이야기를 듣기 위해 커뮤니티를 만든 주역인 카트리나를 만나려고 렐루 서점으로 갔다. 다른 직원에게 그녀와 인터뷰가 예정되어 있다고 이야기하자 잠시 기다리라고 했다. 그러나 시간이 한참 지나도 카트리나는 나타나지 않았다. 우리도 다음 일정 때문에 더는 기다릴 수 없어 다시 그 직원에게 말하니, 오후에 다시 오라고 했다. 그래서 오후에 다시 방문했지만 계속되던 회의가 끝나지 않았는지 결국 만나지 못하고 돌아왔다. 너무 아쉬웠지만 이후에 이메일로 서면 인터뷰를 하기로 약속하고 탐방일정을 마쳤다. 직접 만나지는 못했지만 이후에 카트리나와 이메일로 많은 이야기를 주고받을 수 있었다.

"마을 변화의 주역이라고 들었습니다. 책공간에 어떤 의미를 두시나요?"

"서점은 네트워크 공간으로 변모할 수 있는 좋은 물리적 공간이죠. 문화적으로 엄청난 유산과 지식을 보존하는 곳이라고 보는 관점도 한몫해요. 포르투 시의 지원을 이끌어낼 수 있었던 것은 이런 부분을 부각했기 때문입니다. 실제 이 동네의 서점들은 대부분 오랜 역사를 지니고 있어요. 그것이 포르투 서점의 가장 중요한 점이기도 하지요."

"커뮤니티에 특별한 기여를 하게 된 연유가 있나요?"

"저는 어릴 때부터 늘 책방에서 접할 수 있는 다채롭고 새로운 정보의 혜택을 받으며 자랐어요. 책에서 큰 도움을 받았죠. 책은 우리 인류에게 정말 중요한 보물인데 책방을 운영하는 사람들이 힘드니까 하나씩 문을 닫는 게 슬펐어요. 이대로 방치해서는 안 되겠다는 생각이 들었죠."

"커뮤니티가 만들어진 이후에도 문 닫는 서점은 계속 있다고 들었어요. 참여했다가 빠진 곳도 있고요. 커뮤니티 형성이 존폐 위기에 큰 영향을 주었다고 생각하시나요?"

"사실 복합적인 메커니즘이 작용한다고 생각해요. 커뮤니티의 형성만으로 존폐에 준 영향을 평가할 순 없을 겁니다. 그러나 저는 서점을 운영하는 사람들을 사회적인 의미에서 바라보도록 했다고 생각해요. 서점 주인을 이 시대에 매우 중요한 역할을 하는 사람으로 바라보는 인식의 변화가 사회 안에서 생긴 것입니다."

"커뮤니티 운영상 힘든 점은 없나요?"

"모임이 시작될 당시에는 제가 중심에 있었지만 현재는 사실 중심이라고 할 수 없어요. 참여하는 상인들 모두가 함께 의견을 나누며 서로 어떻게 도움을 줄지 대안을 찾죠. 문화 프로그램 기획도 그 안에서 자연스럽게 나오고요. 현재 저는 기획자가 아니라 그저 구성원 가운데 하나일 뿐입니다. 초창기엔 다소 힘들었지만 지금은 안정된 궤도에 있어요. 바라는 점이 하나 있습니다. 사람이 계속 늘어나면 좋겠어요."

자본주의하에서 서점의 운명은 어느 나라나 비슷하다. 포르투의 작은 서점들이 서로에 대한 보완장치로 작용하는 커뮤니티 속에서 비교적 오래 유지되어 왔지만 앞으로 예상되는 상황은 사실 결코 쉽지 않아 보인다.

온라인 시장이 계속 발전하고 있고 정보 접근성 측면에서도 오래된 책방들은 실리적 요소를 따라잡기가 쉽지 않다. 그러나 굳이 모든 서점이 아마존이나 구글이나 교보문고처럼 되어야 할까? '바이후 두스 리브루스' 라는 책마을과 상인들의 커뮤니티 참여는 온라인 플랫폼에 맞서는 다른 돌파구를 보여준 사례라고 볼 수도 있겠다. 앞으로 그 행보를 계속 주시해보자.

| **인터뷰** · 미구엘(서점 주인), 카트리나 렐루(서점 직원) | **통역** · 김정현

"문제를 모두와 공유할 수 있는 판 만들기"

포르투 책방 상인들의 커뮤니티가 형성될 수 있었던 가장 중요한 배경은 개인이 겪은 운영상의 어려움이 자신만의 문제가 아니라는 것을 알게 해 준 판이 있었기 때문이다. 마을에서 생긴 문제나 어려움이 나에게만 국한 된 것이 아니라 의외로 모두의 문제일 수 있으며 함께 풀어나갈 수 있다 는 점을 알려줄 수 있는 판은 매우 중요하다.

렐루 서점의 카트리나는 책방 상인들이 비슷한 문제를 겪고 있다는 것을 확인하였고, 바쁜 상인들에게 가장 적합한 소통도구인 웹페이지를 먼저 만들었다. 요즘엔 큰돈 들이지 않고도 웹페이지를 만들 수 있다. 뿐만 아 니라 여럿이 둘러앉을 수 있는 의자와 탁자만으로도 어려움을 토로할 수 있는 판을 마련할 수 있다.

어려운 문제를 공유하는 판은 참여하는 개개인이 자신의 어려움을 이야 기하는 것에서 시작된다. 나의 문제가 너와 나의 문제일 수 있고 우리의 문제일 수 있으며, 나아가 사회의 문제일 수도 있다는 것을 확인하게 될 것이다. 이렇듯 공유라는 가치는 관계와 신뢰를 형성하게 해주기 때문에 단순히 공유에서 그치는 것이 아니라 서로가 연결되어 실천을 이루어가 는 관계이자 나눔으로 이어진다. 아주 자연스럽게. 유의할 점은 판을 형성 하는 과정에서, 단순히 몇몇만 살아남는 생존싸움 식의 이익추구를 목표 로 하거나 앞장선 어느 한 개인이 주도하는 권위적인 관계 속에서 실천이 이루어져서는 안 된다는 점이다. 사람과 사람이 만나 새로운 가치를 만들 어내고 함께 해결한다는 원칙이 필요하다. 혼자 끙끙대는 것보다 여럿이 가는 걸음이 더 좋다는 것을 인식하게 해주는 것이 공유의 목표다. 다소 느릴 수 있지만 분명 규모 있는 자본이 할 수 없는, 특색있는 결과물을 만 들어낼 수 있을 것이다.

"비효율적인 가치로 생각해보기"

의사결정을 하기 위한 토론을 하다 보면 항상 나오는 이야기가 효율성이다. 이 효율성의 가치에 반하는 한 건축가의 정신을 생각해본다. 훈데르트바서의 건축물에는 직선이 없다. 직선은 인간이 인공적으로 창조한 것이라 여기고 자연에는 직선이 존재하지 않는다는 것을 표현하고 있다. 그가 만든 건축물의 바닥은 작은 오르막과 내리막이 있는 울퉁불퉁 곡선으로 되어 있다. 또한 창문과 기둥은 각기 다른 크기, 모양, 색깔로 개성을 지니고 있다. 비효율적으로 생각하다 보면 다소 느리지만 특색이 나타날 수 있다.

효율적인 의사결정은 어떤가. 편하고 빠른 방법인 다수결이라는 효율은 늘 시간과 노력이 필요한 만장일치보다 우위에 있다. 비효율은 때론 다른 사람을 설득하는 시간을 갖게 해준다. 조금 천천히 가더라도, 당장 결과물이 나오지 않더라도 이 가치를 망각하지 않았으면 한다. 성과주의에 매몰되어 효율성을 외치는 순간 공동체는 일반 기업과 다를 것이 없어진다. 공동체는 훈데르트바서 건축물의 창문과 기둥처럼 구성원이 각기 다른 개성을 갖고 있다는 이해 아래에서 생명력을 갖게 된다.

| Epilogue |

인간의 존엄은 공동체로 실현된다

열심히 공부만 하는 게 당연하다는 생각을 하며 청소년기를
보내던 때, 처음 사회에 대한 의문을 가졌던 기억이 지금도
생생합니다. '아침밥 먹자'라는 캠페인을 하는 예능 프로그
램에서 '다른 나라' 이야기를 전해 들었을 때 뭔가 억울한 마
음이 들었습니다. 세계의 고등학생은 모두 나처럼 죽을 만큼
괴로운 줄 알았는데 그게 아니었던 겁니다. 왜 '다른 나라' 속
또래들은 웃고 있었을까요?

　　시간이 흘러 직접 보고 싶었던 그 '다른 나라'를 찾아갔
습니다. 텀블벅이라는 크라우드펀딩(https://www.tumblbug.
com/merrythinkers)을 통해 공동체의 중요성을 인식하는 사람
들의 응원을 받으며 나름 촘촘히 계획을 세워 유럽으로 떠났
습니다. 계획대로 되지 않은 것이 많아 여전히 아쉬움이 남
는 탐방이었지만 공동체의 다양한 모습을 직접 살펴보고, 사
회에 대한 방대한 이야기를 현지인의 입을 통해 들으면서 내

린 하나의 결론은 인간의 존엄은 평등을 강조하는 공동체로 실현된다는 것이었습니다.

우리가 만나본 사람들은 인간의 존엄에 대해 질문을 던지고 있었습니다. 나의 존엄은 타인과의 연결을 통해 상대방의 존엄을 존중하면서 얻을 수 있는 것이라 정의하고 있었지요. 그래서 커뮤니티를 단지 하나의 라이프 스타일로 봐서는 안 된다고 생각합니다. 사회구조 차원에서 논의되고 바라보며 모두가 커뮤니티를 만들며 살아야 한다고 강조하고 싶습니다.

그렇다면 존엄의 가치는 커뮤니티 안에서 어떻게 만들어지고 있을까요? 어떤 얼굴을 하고 있어야 할까요? 독일의 사회주택인 프로보쿨타의 모습을 다시 한 번 떠올려볼까요? 독일의 우파 파브릭도 추천합니다. 영국의 한 커뮤니티 도서관은 어떤가요? 스페인의 커뮤니티센터와 서점, 프랑스의 한 테마파크의 노력도 간과하면 안 될 것 같습니다. 아니면 포르투갈의 워크숍이 지닌 가치를 살펴볼까요? 아, 책마을과 도서관도 있었네요.

　일반 사람들이 다양한 국적의 사람들과 어울리고, 저소득층과 섞이며, 젊은이와 나이 든 사람, 그리고 어린이가 어울려 있습니다. 거기엔 오랜 회사생활을 마친 은퇴자도 있고요. 고학력자·노동자·이민자가 소외되지 않고 의사결정을 하고 있습니다. 모두를 위한 공유공간을 만들고 함께 누리며 삽니다. 부유한 사람만 자연을 누리고 유기농 음식을 먹는 것이 아닙니다. 오히려 유기농으로 나무를 함께 기르고 느리더라도 함께 먹는 방법을 택합니다. 누구든 서로의 존엄을 함께 높이기 위해 함께 삶을 꾸리고 있습니다.

　우리는 탐방한 기관들의 이러한 인식과 실천에 깊이 공감합니다. 그리고 이것이 공동체를 만드는 데 기본인식이 되어야 한다고 믿습니다. 이 책을 통해 존엄을 실현하기 위한 팁을 얻을 수 있었으면 좋겠습니다. 우리나라에서도 긍정적으로 변화하고 있는 커뮤니티의 모습을 지금의 흐름에 맞춰 좀 더 확장하기 위한 책이라 생각해주면 좋겠습니다. 소박하게 이야기 나누는 공동체 사례가 더욱 많아지길 바랍니다.

공동체는 거창하지 않습니다. 길가에 놓인 벤치 하나로, 탁자와 의자만으로도 우리는 연결될 수 있습니다.

　이 책에서는 유럽의 공동체가 주는 시사점과 함의가 우리나라에서도 모두 적용 가능한 것처럼 이야기합니다. 일부러 우리 사회의 관행이나 노동시장, 근로여건, 시민사회 상황 등은 매우 제한적으로 언급했습니다. 그래서 어떤 부분에선 간극이 있을 수 있으며, 그것이 이 책의 한계점이라 느껴질 수도 있을 것입니다. 실제로 유럽의 사회정책은 산업화 이전부터 꾸준히 존엄의 문제에 대해 토론해온 결과 이루어진 것입니다. 삶의 질에 대한 토론이 전제되어 정책들이 이루어졌기에 시민들의 생활여건은 양호한 수준입니다. 노년층은 말할 것도 없지요. 우리나라에서 공동체가 형성된 과정과 실현된 모습과는 매우 다를 수밖에 없다고 이의를 제기할 수도 있습니다.
　그러나 다소 느릴 순 있어도 한계가 있다고 생각하진 않습니다. 앞에서 이야기한 것처럼, 이 책을 통해 이루고자 하는 바는 정부의 몫인 법과 제도라든가 예산과 행정 등을 강조하는 것이 아닙니다. 패러다임이 변화되어야 한다는 거창한 포부를 갖도록 하는 것도 아닙니다. 다만 모두가 각개 전투하듯 살아가는 현실에서 다른 대응 방식도 있다는 점을 이야기하고 싶었습니다. 나의 존엄을 위해 남을 짓누르고 권위를 내세워 힘을 빼앗을 필요가 없다는 것을 알리고 싶었습니다.

우리보다 먼저 여러 문제를 겪고 대응해온 유럽의 경험에 비추어볼 때 계획적인 공동체와 상징적인 문화기획, 존엄을 실현하는 데 필요한 비용 지원 등은 결국 사회를 다양하게 만드는 혁신이라는 결과를 낳았습니다. 사람들이 서로 연결되도록 유도하고 복지의 관점을 공동체로 옮겨 간다면, 분명 모든 세대가 갖고 있는 미래에 대한 불안함은 줄어들고, 호혜를 바탕으로 하는 새로운 안전망과 다양성이 형성될 수 있을 것입니다.

우리는 기다립니다. 인간의 존엄이 무엇인지 사회적으로 논의할 날을. 그리고 존엄의 실현이 계획되는 날을.

우리나라 공동체의 흐름

혼자 생활하는 연예인들의 일상이 여과 없이 나오는 데에 재미 포인트가 있는 〈나 혼자 산다〉라는 프로그램이 있습니다. 그런데 프로그램 제목과는 달리 무지개회원이라는 커뮤니티를 짓고 그들만의 단톡방을 만들어 소통합니다. 그러면서 밥이나 술 등을 같이 먹는 정기적인 회식문화가 형성되는 것은 물론, 이사를 간 회원에게 집들이 선물을 주고, 자신에겐 필요 없는 옷을 다른 사람에게 주기도 합니다. 심지어 무지개회원 모두가 한 회원의 친척이 있는 시골로 농활여행을 가기도 합니다. 프로그램 제목과는 달리 여럿이 서로 연결되는 모습을 비추고 있습니다.

어떤 기사를 보니 우리 세대는 부모세대와 달리 이민 1순위 국가가 미국이 아닌 유럽이라고 합니다. 특히 북유럽.

에필로그

남보다 돈을 많이 벌기 위한 아메리칸 드림의 가치가 요즘 세대에게는 더 이상 먹히지 않습니다. 오히려 평등을 강조하는 북유럽 사회가 추구하는 가치에 열광합니다.

- 개인의 부와 성공보다 모든 이웃이 함께할 저녁을 위해 정해진 노동만 할 수 있도록 배려하는 것
- 밤에 당장 급하게 맥주를 사러 나갈 곳이 없다고 구시렁거리지 않는 것
- 모두가 생활임금을 받으며 인간의 품위를 지킬 수 있도록 여유를 만들어주는 것

이러한 것들을 강조하는 사회에 지지를 보내는 세대가 등장하고 있는 것입니다.

유럽에 다녀와서 가장 크게 깨달은 건 사람을 움직이는 힘은 엄청나게 으리으리한 기획이 아니라, 내가 누리고 싶은 좋은 것들은 모두가 누리고 싶을 것이라는 감수성에서 비

롯된 공유의식과 아늑하고 따뜻한 공간이라는 것이었습니다. 그리고 궁금했습니다. 사람 사는 건 결국 다 비슷한데 우리나라라고 그런 가치에 대한 목소리를 낸 사람 하나 없었을까. 그래서 뉴스 라이브러리를 뒤졌습니다. 결론부터 말하자면, 있습니다. 그것도 매우 많이 다양하게.

1987년 동아일보 기사를 보면 유럽의 공동체 흐름에 대해 소개하고 있습니다. 제3의 문화라고도 불리는 대안문화의 자연보호, 인권옹호, 평화운동 등을 주창하는 공동체가 생겨나고 있다는 것을 알립니다. 그러면서 우리나라의 흐름도 변화하고 있다고 소개하고 있습니다.

1988년에는 '다 같이 잘살자'라는 이색 시민운동을 소개하고 있습니다. 생활에서 부딪히는 작은 문제들이 사실은 개인 차원의 문제라기보다 사회모순에서 빚어진 문제임을 깨닫자는 것이 주요 내용입니다. 결국 이 운동을 통해 부모들로 이루어진 커뮤니티가 서울 경동교회를 중심으로 만들어졌습니다.

에필로그

1989년의 한겨레신문을 보면 대학생들의 자치활동이 이슈가 됩니다. 학교 당국으로부터 받았던 부분 간섭을 없애고 대학생들로 이루어진 자치기구를 만든 사례를 소개하고 있습니다. 교수, 학생, 학부모, 동문 등 4개 주체가 모두 포함된 대학자치 운영협의회도 이 시기에 만들어졌습니다. 어떤 대학교는 생활협동조합까지 출범하였습니다. 이렇게 보면 공동체가 결국 민주주의와도 상당히 밀접하다는 주장을 증명하고 있습니다.

1990년에는 주부들을 중심으로 여러 문제가 제기되었습니다. 문제제기에 동의하는 주부들이 모여 생활협동조합 운동, 돈봉투 안주기 교육운동, 탁아운동 등 여성인권을 함께 이야기하는 주부공동체가 형성되었습니다. 이 공동체는 직업란에 주부를 무직으로 쓰는 것에 반대하는 운동도 병행하였습니다. 이런 원동력은 온라인 커뮤니티가 확산되는 사회 분위기와 맞물려 큰 호응을 이끌어내어 연일 이슈가 됩니다. 가치관이 비슷한 사람끼리 결집하는 온라인 커뮤니티도

이 시기에 많이 생겨나고 알려졌습니다. 지금은 우리에게 일상인 온라인 청원, 사이버국회, 표절의혹 제기 등이 이 시기에 처음으로 큰 반향을 일으켰습니다. 우후죽순으로 온라인 커뮤니티가 생겨나고 다양한 활동이 부각되었습니다.

1997년의 한겨레를 보면, 가족도서관을 만든 이웃공동체에 관한 기사가 재미있습니다. 가정집에 책, 비디오테이프 등을 비치하여 동네 어린이들이 함께 사용하는 집 도서관을 만들었습니다. 어린이들에게 좋은 영상물을 보여주기 위한 영상모임원들이 뜻을 모아 만든 것입니다. 그 밖에 무소유 농촌공동체인 '푸른누리'도 소개하고 있습니다. 푸른누리 공동체는 완전 남남인 사람들이 모여 한 지붕 밑에서 한 가족을 이루고 사는 공동체입니다. 집, 옷, 신발, 돈 모두 공동소유인 곳으로 자기 것은 아무것도 없고, 가사에 남녀 구분도 없는 상당히 진일보한 공동체였습니다. '참 밝힘의 시간'이라고 하여 하루의 일을 돌아보고 좋았던 일, 언짢았던 일 등을 터놓고 이야기하며, 이견이 있을 땐 전원의 뜻이 모아질 때까지 계속 의견을 나눕니다.

1998년 동아일보에는 성남 분당지역의 주부들이 설립한 주민생활협동조합의 '창조학교'가 소개됩니다. 창조학교는 주부 회원들의 공통 관심사인 자녀교육 문제를 스스로 해결해보자는 뜻에서 생겨났다고 합니다. 지역사회의 문제를 함께 고민하는 지역공동체로 발전한 의미 있는 커뮤니티라고 볼 수 있습니다.

1999년에는 아파트 운영에 관한 기사가 상당히 많았습니다. 그중 아파트 자치모임이 화제였습니다. 문화교실을 운영하는 커뮤니티가 생겨나고, 시민학교를 기획하는 아파트 주민자치회가 만들어진 것입니다. 아파트를 중심으로 각종 소모임이 이루어졌습니다. 뿐만 아니라 당시에 장애인, 일본군 위안부 할머니, 외국인 노동자 등의 공동체 만들기 운동이 점진적으로 일어났습니다. 사회의 주류만이 공동체를 형성하는 것이 아니라는 가치를 강조하기 시작하였습니다. 도서관에 대한 중요성도 강조되면서 새롭게 생겨나는 도서관이 늘어나기 시작했고 기존 도서관의 모습을 바꿔야 한다는 목소리가 많아졌습니다.

2000년대에 이르러서는 공동체 운동이 좀 더 체계화되었다고 할 수 있습니다. 마을공동체 자치기능 회복을 위한 마을자치규약 표준안을 마련하는 연구가 진행되는가 하면, 자치위원회가 직접 민주적으로 마을 공동재산 관리를 진행하는 등 마을만들기라는 이름의 매뉴얼이 만들어졌습니다. 여러 모로 마을 단위의 공동체가 상당히 강조되었던 때입니다. 공동체 결성을 독려하는 공모전이 매우 많아졌고, 귀농 귀촌 현상으로 인한 도농공동체 등 새로운 모습의 공동체가 나타납니다.

1980년대부터 지금까지만 보아도 시간이 갈수록 매우 희망적이라는 생각이 듭니다. 그러나 한편으론 여전히 우리가 살아가는 이 사회의 구조는 상대방을 일종의 싸움 상대로 여기고 세상을 이겨내야 하는 대상으로 만드는 경쟁적인 구조임을 부정할 수 없습니다. 비정규직이 정규직의 수명을 단축시킨다는 인식이 팽배하고, 아이들과 오래 정을 나눈 기간제 교사를 정규직이 되지 못하도록 하는 등 최근에 우물 안

개구리 같은 일이 일어납니다.

그럴수록 상대방은 내가 싸워야 할 존재가 아니라는 가치에 바탕을 둔 공동체가 많이 등장했으면 좋겠습니다. 뭐라도 하자는 누군가의 책처럼 해보고 말하자는 분위기를 만들었으면 좋겠습니다. 여전히 수는 많지 않지만 공동체를 만들고자 하는 노력은 계속 고도화되고 더 발전하고 있다고 생각합니다. 물론 이미 오래 전의 요구가 아직도 실현되고 있지 않은 것 같아 안타까운 마음이 들기도 합니다.

그러나 그런 결핍은 계속 이야깃거리를 만들어주기도 합니다. 그래서 이 책이 만들어진 것 같습니다. 싸우고 헐뜯는 삶 대신 서로 연결하고 돕는 관계 속에서 살아가기 위한 이야깃거리들을 내어놓았습니다. 오래 전부터 감사히 여겼던 공동체를 새삼스레 다시금 꺼낼 수 있는 기회가 되기도 할 것입니다. 엉성해도 괜찮습니다. 이 책을 읽으면서 마음에 다른 사람과 함께할 작은 딴 주머니 하나씩 챙기길 바랍니다.

생각해보면 나를 성장시킨 건 함께한 시간들이었다

제 삶에는 나 자신의 것과 마찬가지로 타인의 것이 함께 존재합니다. 때론 상대방의 것이 저의 일상에 더 많이 있기도 합니다. 출근하는 길 동료를 위해 하나 더 사게 되는 아침거리가 그렇고, 친구들과 함께 활동하는 동아리가 그러합니다.

개인의 삶은 사실 많은 부분 느슨해서 타인의 감정이나 의견이 그 틈으로 쉽게 반영되곤 합니다. 그것이 관계가 되고, 내가 일으켰든 아니든 갈등이 되기도 합니다.

이 책을 마무리하는 과정에서 갈등에 대한 이야기가 더 구체적으로 들어갔으면 참 좋았겠다는 아쉬움이 가장 크게 남아 있습니다. 파티이모나, 우파 파브릭, 프로보쿨타에서는 미묘하게 차이는 있지만 공통적으로 갈등 관계에 있는 사람들이 얼굴을 대면할 수 있게 만남의 자리를 마련하여 합의가 될 때까지 토론을 합니다. 파티이모나의 경우, 그 전에 불편한 감정을 느낀 이가 주체적으로 자신의 생각을 모두에게 설명하는 시간을 갖기도 하고, 우파 파브릭과 프로보쿨타는

에필로그

연관이 있든 없든 해당 갈등에 관심이 있는 구성원들이 대거 참여하는 공청회와 같은 방식을 1차로 진행한 후 이해관계 자들만이 다시 한 번 모여 토론하기도 합니다. 이런 경우는 매우 드물긴 하지만 사유재산에 대한 사안은 더 여러 번 토론을 한 적도 있다고 합니다.

해결에 있어 중요한 점은 책임을 개인화하지 않는 것이라고 생각합니다. 상대방에게 넌 나쁜 사람이야, 네가 진짜 문제야, 네가 이 모든 불란의 씨앗이야, 라고 손가락질해서는 안 된다는 것입니다. 그렇게 되면 누가 누구보다 더 상처를 많이 받았는지 계산하며 승자와 패자를 만드는 상처 게임으로만 그치게 됩니다.

게임이 되지 않고 관계가 지속적으로 이어지려면 공동체적으로 접근해야 합니다. 갈등을 중재하는 기관이나 조직을 활용하는 것입니다. 갈등 관계에 있는 사람들은 저마다 방어기제가 다르기 때문에 자신에게 유리한 의사체계를 선택하려고 합니다. 그럴 땐 우선 각자 문제를 곱씹어보도록 시간을 주는 것도 좋은 방법입니다. 그러나 중요한 것은 그

이후입니다. 절충안을 만드는 노력의 단계로 넘어가야 합니다. 구성원들과 당사자 간의 만남으로 반드시 이어져야 합니다. 내가 양보하고 내어줄 수 있는 부분과 그렇지 않은 부분을 허심탄회하게 이야기하여 구성원들 모두의 동의를 얻는 것이 중요합니다. 또한 모두의 동의를 얻지 않았을 때는 끝까지 시간을 두고 토론해야 하고, 너무 많은 시간이 흐른 경우에는 갈등 관련 이해관계자들이 동의할 수 있는 또 다른 의사체계를 구축하는 것도 필요합니다.

저 역시 그와 함께 탐방을 준비하는 시작점부터 책을 작업하는 과정까지 여러 번의 갈등이 있었습니다. 지나고 보니 잃은 것은 각자 달랐지만 얻은 것은 위와 같이 갈등에 대처하는 자세입니다.

갈등이 멈추고, 책을 쓰기까지 정말 많은 사람들이 도움을 주었다는 걸 새삼 깨달았습니다. 후원자, 통역자, 인터뷰에 응해주신 분들, 출판사와 북디자이너 등 책과 직접적으로 연결된 그녀와 그뿐만 아니라, 지나가면서 따뜻한 미소와 여유를 건네주고 사람을 존중하는 예의를 보여준 그녀와 그도 우리에겐 고마운 사람들이었습니다. 이 책은 모두의 책이기도 합니다. 그래서 이 책의 인세는 전액 기부할 예정입니다. 이 책을 쓰게 해준 모두에게 감사함을 전합니다.

다양한 커뮤니티 프로그램

앞에서 이야기한 공공의 영역을 만들어가는 커뮤니티 프로그램들을 정리하였습니다. 우리나라에서는 다소 신선하게 느껴질 수 있는 프로그램이나 쉬운 방법으로도 소박하게 운영할 수 있는 프로그램 위주로 선별하였습니다.

프로그램명	대상	취지 및 운영방식
아빠의 라임타임	0~18개월, 18~36개월, 3~5세	• 대상 나이의 자녀를 둔 아버지만 신청 • 아버지의 목소리로 아이에게 언어를 가르쳐주고, 참여한 아버지들이 함께 논의하여 직접 수업 계획을 짜서 진행 • 아버지 이웃공동체 형성에 초점을 둠
음악과 학교	초등학생	• 각자 좋아하는 음악을 도서관에서 직접 듣고, 한 곡을 골라 도서관에서 발표하는 방식 • 공교육과 도서관이 협력한 좋은 사례로 꼽힘
다양성 부엌	어린이	• 인근 커뮤니티센터와의 연계사업 • 자신만의 레시피를 직접 개발하여 새로운 요리 만들기 진행
카메라 액션!	8~10세	• 워크숍 방식 • 팀을 이뤄 영감을 준 곳곳을 사진 찍어 팀에서 사진 한 장을 골라 발표 • 발표 과정에서 토론과 배려를 배우기 위한 수업
놀이 개발 커뮤니티	성인	아이들과 놀기 위한 방법을 고민하는 어른들의 커뮤니티
자원활동가 커뮤니티 스토리텔링	사회 취약계층	노숙인 및 이민자를 대상으로 자원활동가들이 진행하는 문해교육

커뮤니티 기반 퐁피두 시사 프로그램	성인	시사문제는 편견과 바로 직결되는 문제이기 때문에 이를 해소하기 위한 목적으로 진행
생활정보 포럼	누구나	부동산, 주택, 가족, 보험, 소비세, 보건, 사회구조, 노동 및 고용 등의 생활정보 주제를 중심으로 진행하는 포럼
청소년 대상 전문 코디네이터	성인	• 주민, 상담교사, 교수 등 누구에게나 열려 있는 코디네이터는 사서와 함께 전시 구성과 주제별 엔터테인먼트 프로그램 및 디스코 음악 프로그램 등을 기획 • 매주 1회 이상 도서관을 방문하는 청소년과 놀거나 그저 이야기를 듣는 등 다양한 방법으로 청소년과 이야기 나누는 역할
철학 부엌	누구나	• 어린이와 성인 모두가 어울려 토론이 가능하다는 것에 주안점이 있어, 이해하기 쉬운 철학 주제를 선정하여 토론
리베 아이메스 서점의 시장 상인 강의 프로그램	누구나	• 서점 근처에 있는 시장의 월요일 휴무를 활용하여 시장 상인이 직접 강사가 되어 음식, 요리 등의 식문화와 생활예술 분야, 지역문화 분야 등에 대해 강의
산 조르디의 날	누구나	• 남자는 여자에게 장미를 선물하고, 여자는 남자에게 지혜가 담긴 책을 선물하는 책 축제
공동 예술 워크숍	누구나	• 책 속의 인물이나 자연물을 함께 만드는 워크숍 • 공동작품은 도서관에 그대로 전시되고, 다른 사람에게 작품에 대한 해설을 하는 후속 프로그램으로 진행

슈피엘바겐 놀이 프로그램	어린이 및 청소년	• 공동텃밭 가꾸기 • 공동부엌에서 함께 요리하기 • 야외 영화상영 • 엘베 강 자전거 여행 • 함께 아이스크림 먹기 • 뗏목 타고 보물사냥
푸드 스토리 프로젝트	누구나	• 상담소 앞에 있는 냉장고에 나눠 먹을 음식을 넣어놓는 프로젝트 • 재료를 가지고 함께 요리를 하고, 주변의 필요한 곳에 기부
난민 정원	어린이	• 난민을 대상으로 학교 내에 무료로 텐트를 제공하여 이곳에서 아이들이 난민의 이야기를 직접 들을 수 있게 하는 프로그램 • 학교와의 연계사업 • 학교 내 사회공간 만들기
청소년 농장	청소년	• 청소년들이 직접 방법을 배워 식물을 키우고 동물을 기름
무제한 행동하기 프로그램	청소년	• 자기 마음대로 하는 것이 인생에서 많지 않은 청소년 시기의 욕구불만 특성을 뗏목에 낙서하기로 표현
예술가와의 시간	누구나	• 어떻게 관찰하는지, 어디서 영감을 얻는지 등 창의와 자율을 소재로 예술가와 주민이 대화하는 프로그램 • 때에 따라서는 함께 밥을 먹으며 이야기를 나눔
우리는 동네다	누구나	• 바르셀로나에서 나바스 지역으로 좁혀가며 도시에서 벌어지는 공동체 문제를 지역 주민이 토론 • 이웃을 사귀기 위한 프로그램으로도 알려져서 매번 새로운 인원이 추가
열린 플랫폼	누구나	• 주민이 지역을 위한 프로그램을 직접 기획하도록 하는 장 • 공정한 심사과정이 있음

동네 사진전	누구나	• 각 골목의 상점과 연계하여 사진전 개최 • '현지인의 고충'이라는 주제로 관광지구의 지역성 반영
하우 더 라이트 겟츠 인 (how the light gets in)	청소년 이상	• 서구의 정치, 경제, 윤리적 진보와 연관된 이슈를 토론 • 미래의 불확실성을 전제로 새로운 아이디어 창출 이 제기 • 명사특강이 아니라 철학자 섭외 • 혁신 아이디어에 대해 토론하는 데 방점이 있음
프로보쿨타 거리축제	누구나	• 프로보쿨타만의 울타리를 벗어나 모두가 함께하는 축제 • 이곳에서 예술가는 예술과 놀이를 융합한 어린이 예술품을 주로 만들고, 참여자는 모두가 함께 먹을 수 있는 음식을 만들어 식도락을 즐김 • 주최자와 참여자가 모두 각자 가진 재능을 나누는 축제로, 모두가 주인인 축제

면허증 없는 그녀와 신용카드 없는 그의

유럽 커뮤니티 탐방기

© 김정현 · 배수용, 2018

1판1쇄 발행 2018년 6월 11일   **1판2쇄 발행** 2019년 4월 20일

지은이 김정현 · 배수용   **디자인** 이미정

펴낸이 전광철   **펴낸곳** 협동조합 착한책가게

주소 서울시 은평구 통일로 684 1동 3C033

등록 제2015-000038호(2015년 1월 30일)

전화 02) 322-3238   **팩스** 02) 6499-8485

이메일 bonaliber@gmail.com

ISBN 979-11-962410-2-5   03300

이 도서의 국립중앙도서관 출판예정도서목록(CIP)은 서지정보유통지원시스템 홈페이지(http://seoji.nl.go.kr)와 국가자료공동목록시스템(http://www.nl.go.kr/kolisnet)에서 이용하실 수 있습니다. (CIP제어번호:CIP2018015672)